現代フランス×ノルディック

発酵で料理する

ガストロノミーの
新トレンド

旭屋出版

微生物が起こす料理革命

西洋料理界に新たな旋風を巻き起こしている「発酵」。

ニュー・ノルディック・キュイジーヌ（北欧の伝統的な食材や調理法を斬新な視点で活用した新しい北欧料理）を牽引してきたデンマークのレストラン「ノーマ」のレネ・レゼピ氏が、発酵料理を提唱したことから、世界の注目を集めました。ノーマが新しかったのは、いままでのように発酵食品を料理に活用するやり方ではなく、発酵そのものを調理方法として捉え、食材を自分たちで発酵させたところにあります。

従来の調理は加熱が中心でしたが、加熱をしなくても食材自体の風味を変えられるのが発酵の画期的なところです。発酵させた食材をそのまま使うのはもちろん、発酵で出てきた液体をスープやドレッシングに仕立てたり、発酵で生み出されたうま味や酸味を調味料としても利用します。自分で好きな食材を好きなように発酵させることで、いままで出会ったことのない新しい味を作り出せるようになったのです。

日本でも、この手法に感銘を受けた料理人たちが発酵に果敢に取り組んでいます。もともと日本は発酵食品の文化が花開いている国です。醤油や味噌は調味料としてどの家庭にも常備され、納豆や漬物も日常的に食べられています。各地方ごとに、土地の環境に合った独自の発酵食品も数多く見られます。中でも米麹を使った発酵食品は、日本の食文化には欠かせない存在です。

そこで、伝統的な米麹の魅力をさらに掘り下げ、日本独自の発酵料理を世界に発信しようとするシェフたちも現れはじめました。実は、レネ・レゼピ氏や、ニューヨークを代表するグランシェフ、デービッド・ブーレイ氏も、日本の発酵技術に深い関心を寄せていて、麹の発酵に夢中で取り組んでいるのだそうです。

発酵技術は、まだ調理場に持ち込まれたばかり。意欲的な料理人たちの手にかかれば、新しい使い道が次々に開拓されていくでしょう。本書では、そんな発酵に情熱を傾けている料理人たちの実験を追いかけています。

同じ方法でも、その地に生息する菌の種類によって風味が変わる発酵は、新しい風土の味を生み出す可能性を秘めています。この本を手に取られた方がさらなる手法を探り、発酵技術が今後の西洋料理を大きく進化させてくれることを願ってやみません。

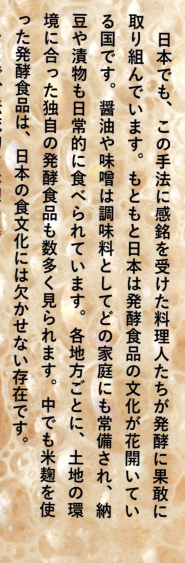

CONTENTS

SECTION 1

野菜と豆の発酵 010

SECTION 2

肉と魚の発酵 042

本書を読むにあたって

- 料理解説で記載したFermentationとは、「発酵」を意味する英語です。ingredients、process、durationは、それぞれ「発酵させる食材」「発酵の工程」「発酵期間」を記載しています。
- 発酵は環境によって状態が大きく変わる技術です。料理解説で記載している食材の変化は、シェフの実践に基づいており、異なる環境の下では差が出る場合があります。
- 料理で使用する器具は、各店での呼び名で表記しているため、同じ器具でも違う名前になっている場合があります。
- 本書では、シェフによって常温の目安温度が異なります。作り方ページで目安温度を記しているので参考にしてください。

そもそも、発酵とはなにか？

「発酵と腐敗は紙一重」という言葉を聞いたことがある人は多いはずだ。

　このようにいわれる理由は、発酵と腐敗が同じメカニズムによって起こっているからである。そのメカニズムの主役が、人間の目には見えない微生物。空気中、水中、土中と、地球上のいたるところに生息する膨大な数の微生物が、食材に付着し、食材の成分を分解し、さまざまな成分を作り出す。

　このときに生み出される成分により、もとの食材にはなかったよい香りがついたり、おいしく感じたり、栄養価がアップしたり、人間にとってプラスの働きをした場合を「発酵」と呼ぶ。逆に、味が損なわれたり、不快な匂いがしたり、食べることで健康を損なってしまう場合を「腐敗」と呼ぶ。

　人間にとって有益な働きをする微生物が発酵菌、人間に有害な働きをする微生物が腐敗菌といわれているわけだ。

　発酵では、おもにうま味成分の増加、デンプンの糖化、乳酸、酢酸、アルコールの発生、独特の香りの生成などが起こる。生成される成分は、菌の種類や環境によって変化する。また、発酵菌が生成する酵素などの働きにより、腐敗菌の活動が妨げられ、保存性も高まる。

　発酵とは、「有害な菌の活動を抑え、有益な菌の働きを活発化させることで、食材の保存性を高め、よい風味に変化させること」である。

酵母

カビと同じ真菌類の仲間。英語ではイースト。約500種が発見されており、果物や樹液、花蜜など、糖分が多いところに好んで生息する。サッカロミセス属というグループの酵母は、糖分をえさに、おもにアルコールの一種である「エタノール」と二酸化炭素を作り出す。この働きを「アルコール発酵」と呼ぶ。工業製品化された発酵食品では、目的に合わせて品種改良された、いわばエリート酵母が使われている。自然界に存在する天然の酵母を利用して発酵させると、さまざまな種類が発酵に関わっていろんな成分を作り出すので、個性的な風味が生まれる。

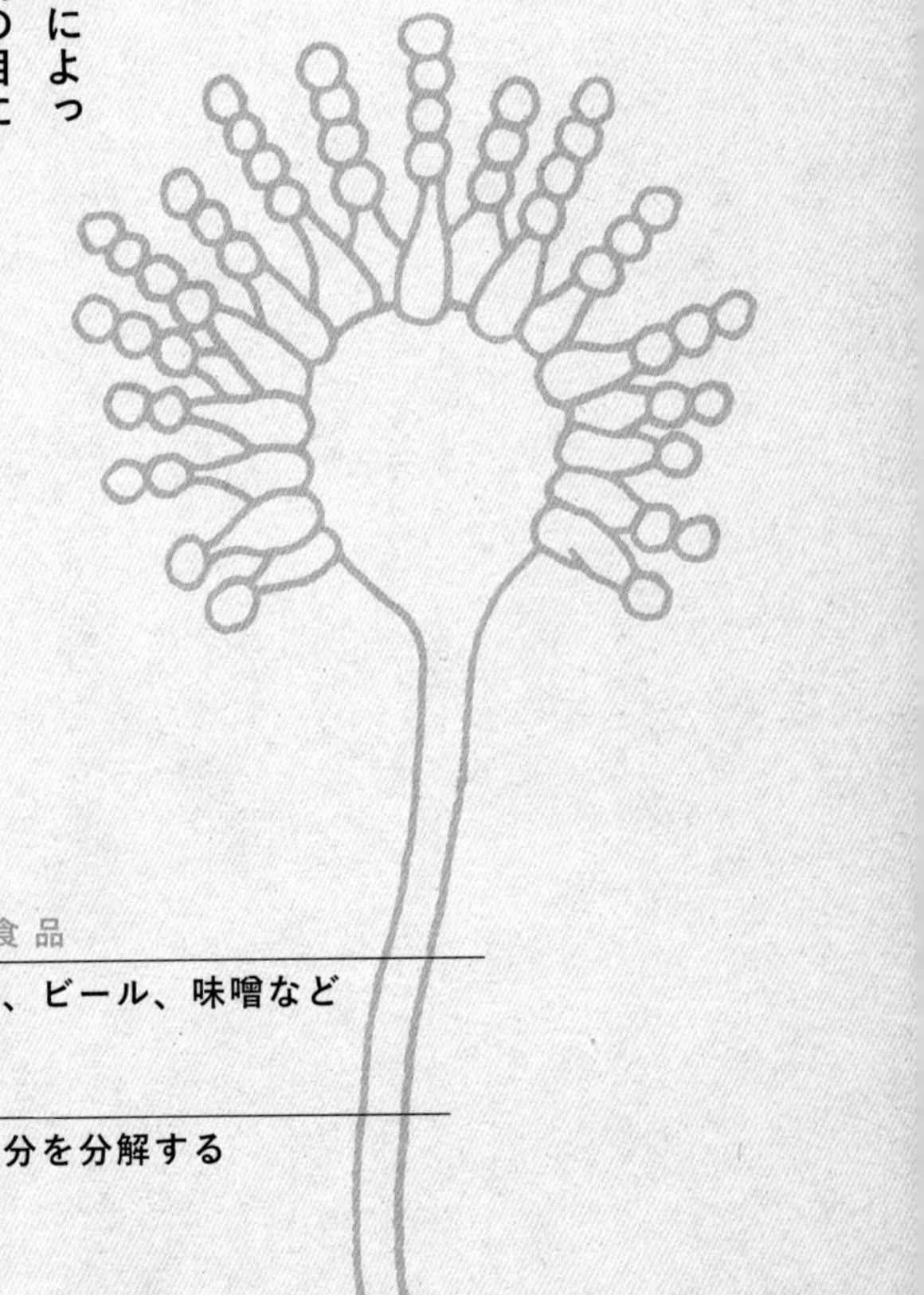

酵母が関わる発酵食品

パン、ワイン、日本酒、ビール、味噌など

Point

酸素がない状態で、糖分を分解する

代表的な発酵菌

発酵菌は、麹菌（コウジカビ）やカツオブシカビなどのカビ、ビールやワイン、パンなどの発酵に関わる酵母、乳酸菌や酢酸菌などの細菌類に大きく分けられる。発酵食品の多くは、乳酸菌や酵母など複数の菌が働き合って発酵を進めることが多く、それによって複雑な香りやうま味を生み出している。ここでは、調理場での発酵に深く関わる発酵菌を紹介する。

乳酸菌

細菌の一種。糖分をえさに乳酸を作り出し、食材に特有の酸味をもたらしたり、食品のpH値を酸性に傾けて保存性を高める。ブルガリア菌やサーモフィルス菌など、約350種が発見されており、菌によって異なる成分を生み出す。乳酸発酵では、数種類の乳酸菌が働いていることがほとんど。同じヨーグルトでも地域や作り手によって味が異なるのは、働く乳酸菌の種類やバランスが異なっているためだ。

乳酸菌が関わる発酵食品

ヨーグルト、チーズ、漬物、味噌、熟れずしなど

Point

酸素が必要な種と、ない方がよい種がある

麹菌

穀物につくカビの一種。炭水化物を糖に分解して甘味を、タンパク質をアミノ酸に分解してうま味を生み出す。日本の発酵食品の多くに関わるニホンコウジカビは、日本特有の発酵菌で、日本醸造学会によって「国菌」に認定されている。さまざまな改良が行われ、味噌用や清酒用など、用途に合わせた種菌が市販される。

麹菌が関わる発酵食品

味噌、醤油、日本酒、焼酎、
甘酒、穀物酢など

Point

酸素がある状態で活発に働く

納豆菌

細菌の一種で、枯草菌と呼ばれる種類に属し、名前のとおり稲藁などに多く生息する。大豆のタンパク質をアミノ酸に分解し、うま味成分を作り、その過程で特有の粘り成分や臭気成分も発生させる。納豆菌は極めて耐熱性が高く、乾燥や酸にも強くて繁殖しやすいため、麹菌発酵を行う味噌蔵や酒蔵では、納豆菌の混入には細心の注意を払う。

納豆菌が関わる発酵食品

納豆

Point

酸素がある状態で活発に働く

酢酸菌

細菌の一種。酸素のある状態で、アルコールに含まれるエタノールをえさに酢酸を作り出し、強烈な酸味をもたらす。アルコールを空気にふれさせておくと、空気中の酢酸菌が集まり、酢酸発酵が起こる。一般的な醸造酢は、原料をアルコール発酵させてから酢酸発酵を行っている。発酵の過程でセルロースという繊維を作る種類もおり、ナタ・デ・ココはこの性質を利用して作られる。

酢酸菌が関わる発酵食品

酢、ナタ・デ・ココ、
紅茶キノコ（コンブチャ）など

Point

酸素がある状態で活発に働く

発酵のプロセス

1 食材を準備する

発酵では、おもに、糖質がアルコールや乳酸に、タンパク質がアミノ酸に、アルコールが酢酸に変化する。腐敗では、タンパク質やアミノ酸がアンモニアや硫化水素、エタノール系の物質に変化する。

野菜、豆類、肉、魚、きのこ、牛乳など幅広い食材で発酵が可能だが、発酵菌のえさになるのは、おもに糖質やタンパク質なので、それらが豊富に含まれる食材が特に適している。それらが少ない食材を発酵させたい場合には、砂糖を加えるなど、ほかの食材で補うことで、発酵を促す。

寄生虫が生息している可能性がある食材、アンモニア臭が強い食材は食中毒の危険性が高まるので避けたほうがよい。

2 発酵菌を食材につける

発酵菌は、いくつかの方法で入手できる。

まずは、食材の表面にもともとついている発酵菌を利用する方法。野菜や果物の多くはこの方法で発酵させられる。農薬や防腐剤が使われているものは発酵菌がつきづらく、発酵が進まない。オーガニックの食材を使うか、よく洗ったり皮をむいて農薬を取り除き、発酵菌がつきやすい環境を整える。

すでに完成している発酵食品を種菌（元種、スターターとも呼ぶ）として利用する方法もある。たとえば、ヨーグルト作りの場合には、牛乳に少量のヨーグルトを入れ、ヨーグルトに含まれる乳酸菌を牛乳の中で増殖させて、全体をヨーグルト化させる。種菌は、これから作りたいものと同じものを使う場合と、違うものを使う場合がある。

市販されている種菌を購入して使う方法もある。味噌や酒を作る麹菌は、市販の種菌を使うのがほとんどだ。

3 発酵菌が活動しやすい環境を整える

発酵菌はたいてい日光が苦手なので、暗い場所で、適温を保ちながら保存すると、うまく発酵が進む。発酵に理想的な温度は25〜40°C程度といわれ、活動しやすい温度は菌ごとに異なる。同じ乳酸菌グループの中でも、種類によって好む温度が違うため、実際に試しながら最適な温度を探す必要がある。

空気がない方が活発になる菌（嫌気性菌）もいれば、空気にふれたほうが元気になる菌（好気性菌）もおり、さらに、どちらでも生育できる菌（通性嫌気性菌）もいる。麹菌のように酸素が必要な発酵菌を活発に働かせたい場合は、定期的にかき混ぜるなど、空気に触れさせる作業が必要だ。

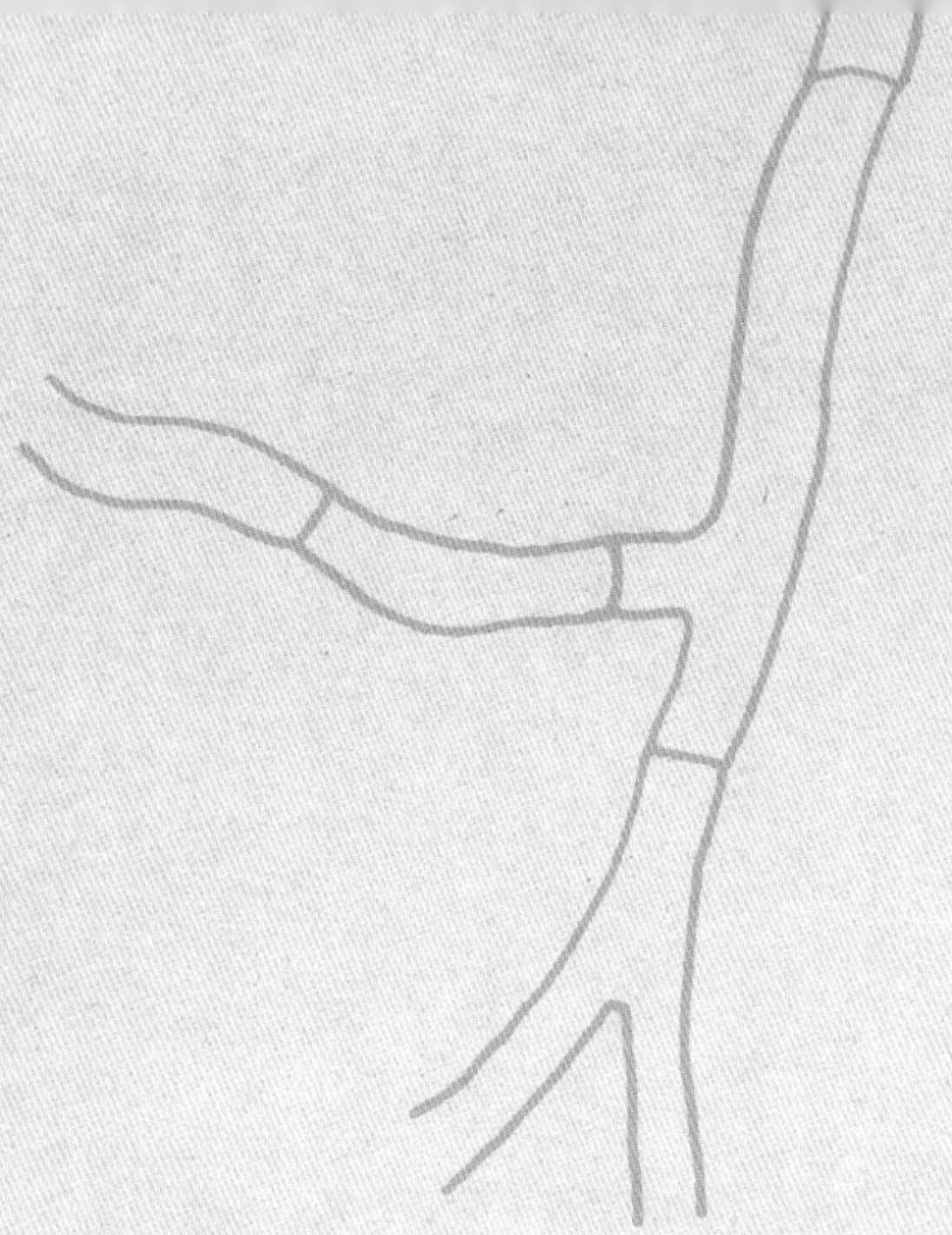

腐敗を防ぐために必要なこと

保存性を高めるには、発酵菌の活動を活発にすると同時に、腐敗菌の活動を妨げる必要がある。そのためには、「発酵菌は活動できるが、ほかの菌は増殖できない環境」を作り出せばよい。大きく分けて4つの方法があり、これらを組み合わせることで、特定の菌をうまく働かせられる。

pH値のコントロール

多くの微生物は、pH値が中性の環境で活発に活動する。そこで、酢漬けで酸性にしたり、灰で燻製にしてアルカリ性にすれば、微生物の侵入を防げる。乳酸菌は酸性でも活動でき、麹菌はアルカリ性でも活動できる。

塩、砂糖漬け

塩や砂糖の濃度を高めると、微生物の多くは浸透圧の急激な変化で細胞が壊れて死んでしまう。麹菌や酵母、乳酸菌の一部は高濃度の環境下でも活動できるので、雑菌の増殖を防ぎながら、発酵を進められる。

発酵菌の力

発酵菌が食材を分解して作り出した酵素などの成分がほかの菌を分解し、腐敗菌の活動を妨げる。また、乳酸菌が出す乳酸はpH値を下げて酸性環境を作り出し、ほかの雑菌を締め出してくれる。

アルコール濃度

アルコール度数が20%以上の環境ではほとんどの微生物が死滅する。酒類やみりんが長期保存できるのはこのためだ。同様に、発酵用の器具をアルコールで消毒しておけば、雑菌の増殖を防げる。

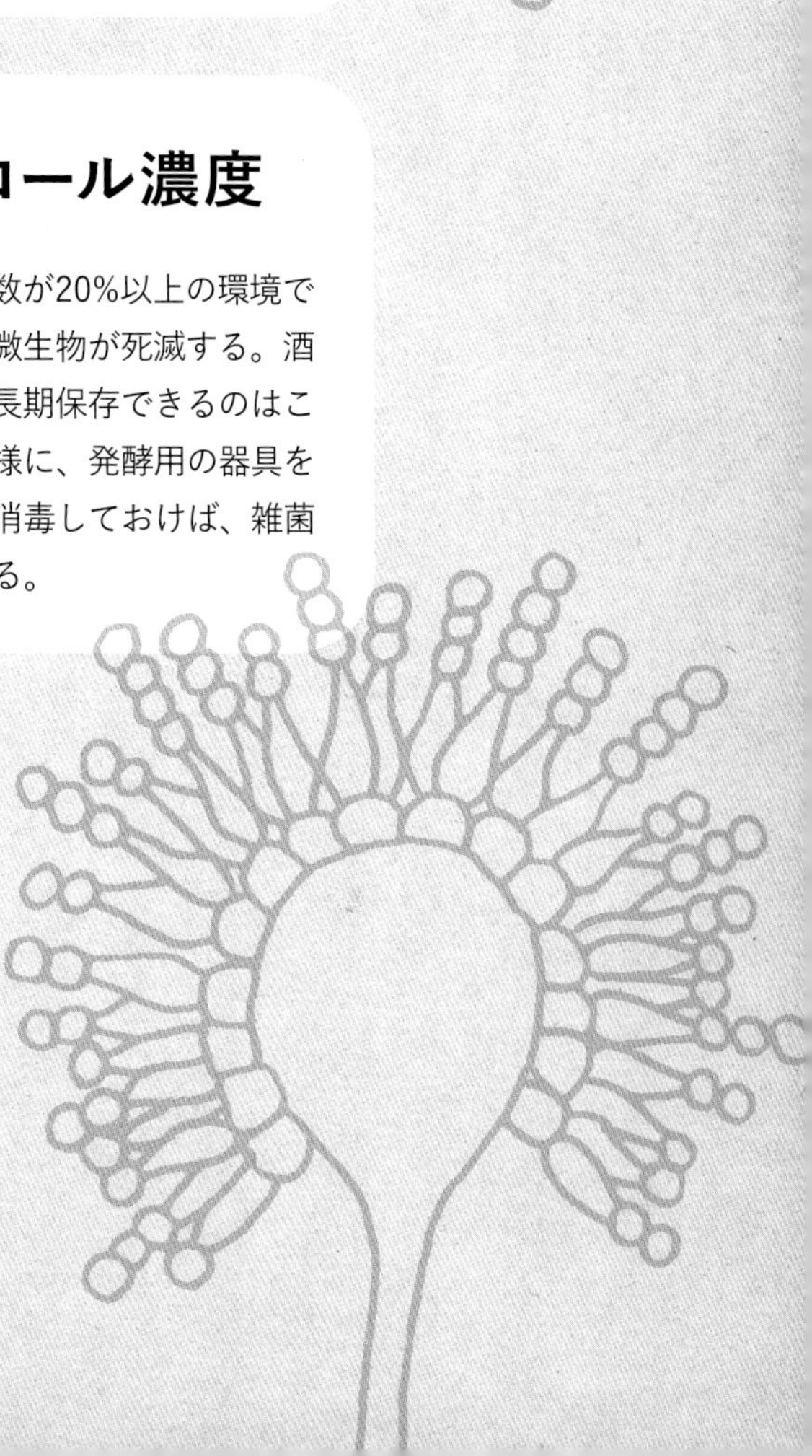

発酵を止めたいときは？

これ以上発酵を進ませたくない場合には、加熱や高度数のアルコールを添加して微生物を死滅させたり（殺菌）、冷凍庫に入れて微生物の活動を抑えれば（静菌）よい。夏場など気温が高すぎる場合は、冷蔵庫に入れて静菌しておき、気温が下がってから再び室温で発酵を進めることも可能だ。

SECTION 1

野菜と豆の発酵

キャベツ

セリ

発酵期間が短く、すぐに食べられる野菜と豆は、発酵に挑戦しやすい食材。とくに塩水に漬けておくだけで作れる乳酸発酵野菜は、乳酸菌が急速に増殖して酸性環境を作り出し、雑菌の侵入を防いでくれるので、失敗のリスクも比較的低い。

気軽に始められるだけに、発酵を成功させる以上に、発酵食材の個性をどう料理に生かすかに、料理人のセンスと手腕が問われる。乳酸発酵で得られる同じ酸味や香りも、捉え方によって使い道が多種多様に広がることが料理から見て取れるはずだ。

ここでは、基本の乳酸発酵以外に、塩を一切使わない珍しい無塩発酵や、テンペ菌による発酵も紹介する。

赤かぶ

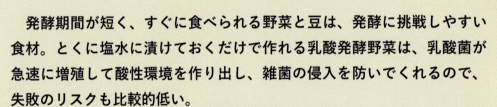

マッシュルーム

ビーツ

トマト

うど

海老いも

じゃがいも

レンズ豆

豆乳

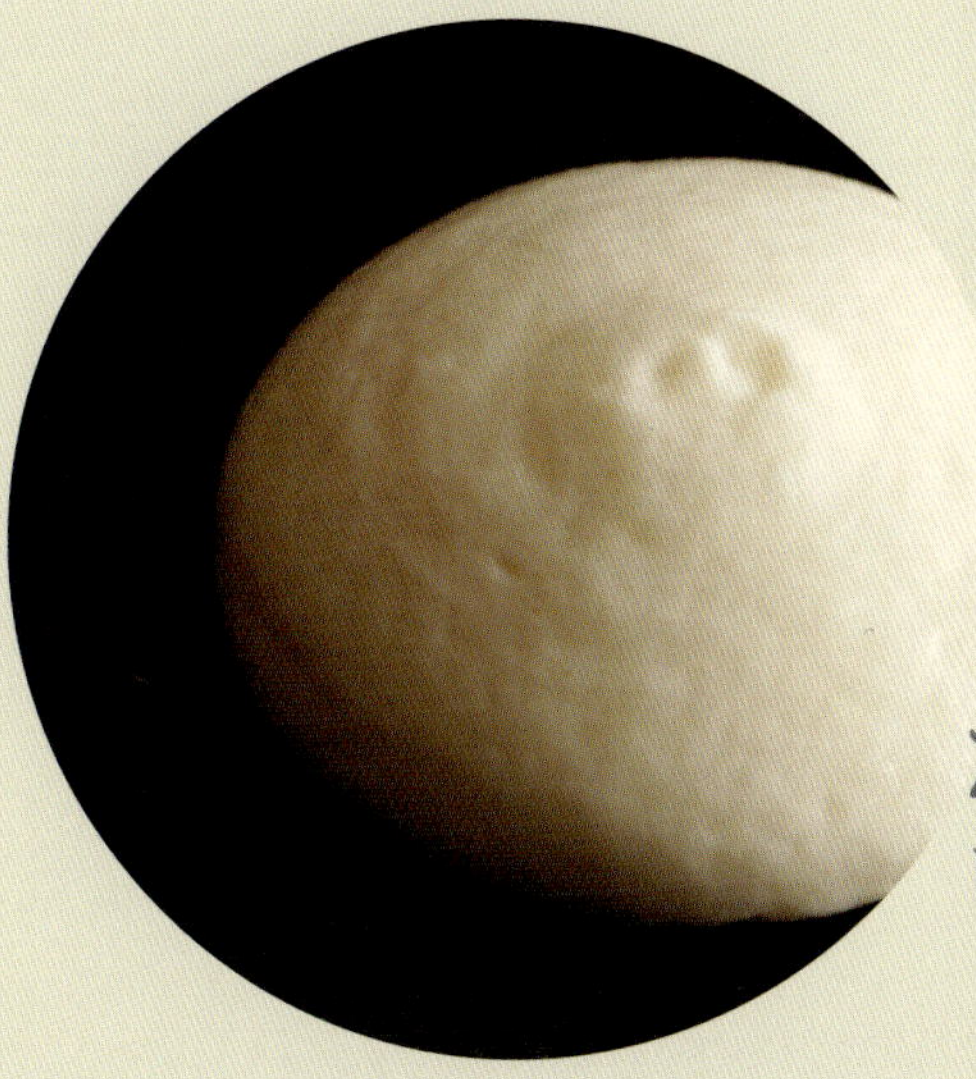

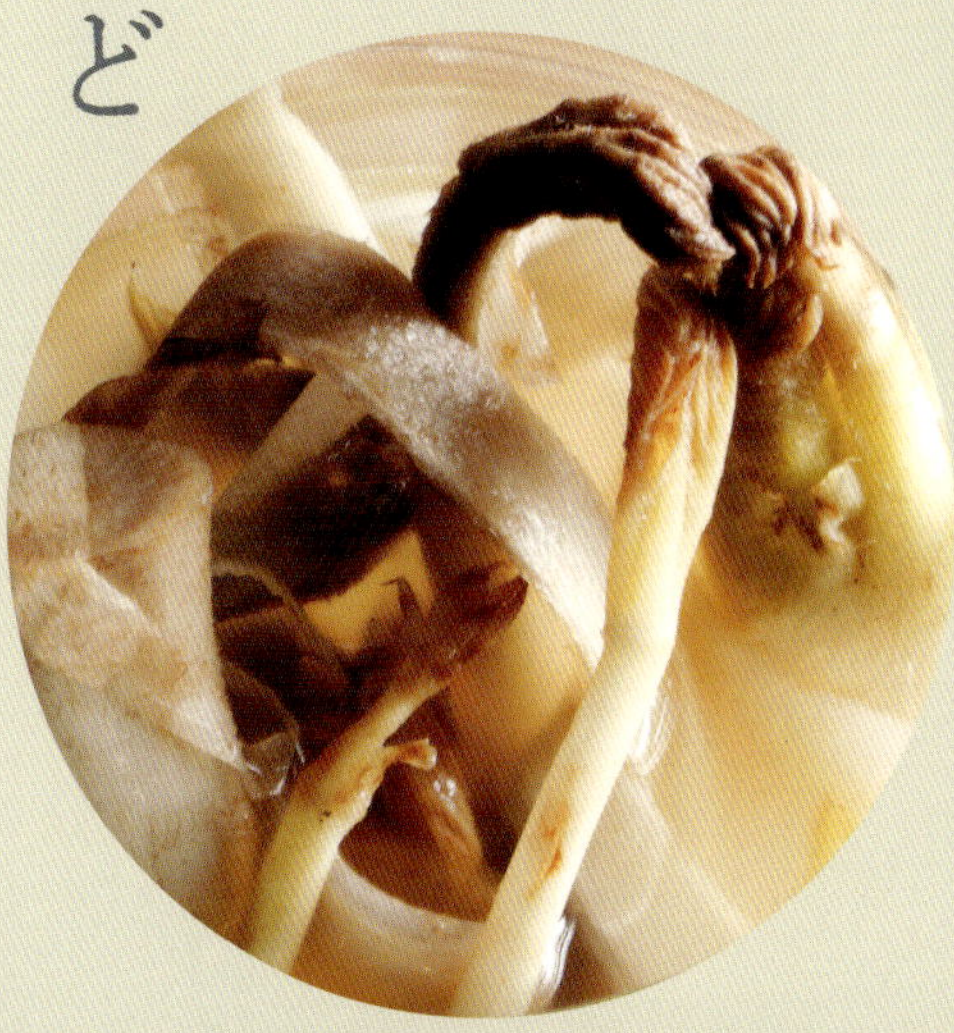

ニシンと発酵じゃがいものパンケーキ

Cofuku　赤木 渉

FERMENTATION

ingredients	じゃがいも（メークイン）
process	5％の塩水と真空にかける
duration	常温で約2〜3週間

1｜2

1. 塩水で2週間発酵させたじゃがいも。
2. ニシンのピクルスと2日間塩漬けした数の子。どちらも塩と水分を拭き取り、1日寝かせてある。

発酵のディテール

じゃがいもは皮をむいて塩水に浸し、常温で乳酸発酵を行う。爽やかな酸味とラクレットチーズのような複雑な風味が生まれ、その風味は加熱調理でより顕著になる。真空袋が菌が生成するガスで十分にふくらんだころを見計らい、少量を薄切りして味見し、酸味が出ていれば使い頃だ。

組み合わせたニシンは酢と塩でマリネしたあと1日寝かせたもの。こちらは微生物の活動はほぼないと思われるが、赤木シェフが修業した北欧のレストランでは、塩水や塩漬けして短時間おいた程度でも、「ｆｅｒｍｅｎｔ（発酵させる）」と呼んでいたそうだ。

◀ 作り方は104ページへ

料理のアウトライン

発酵させたじゃがいものペーストをベースに、そば粉と薄力粉を混ぜ、もっちり感と香ばしさが共存したパンケーキを焼き上げた。穏やかな酸味の中に発酵じゃがいもとそば粉の香りが混じり合い、パンケーキだけを食べても味わいに十分な奥行きを感じられる。

パンケーキにはフロマージュブランを塗り、「にしんそば」からの発想でニシンのピクルスと数の子を盛りつけ、そば芽を飾った。やさしい酸味のパーツを重ねた爽やかなアミューズである。

かぶらの三姉妹

ザ・プリンス パークタワー東京　レストラン ブリーズヴェール
桂　有紀乃

料理のアウトライン

フレッシュ、乳酸発酵、酢酸発酵と、3種のかぶのソルベを並べ、発酵による味の変化を舌で感じ、楽しみながら学んでもらう。「発酵」コースの入り口となるアミューズだ。フレッシュのかぶは炒め煮し、かぶが本来持っている自然な甘味を引き出す。乳酸発酵には、無塩発酵させた木曽の漬物「すんき」を使い、乳酸のまろやかな酸味とうま味を表現。酢酸発酵では、赤かぶのジュースに白バルサミコ酢を混ぜ合わせ、ストレートな酸味を味わってもらう。酸味の強さによって色合いにも変化をつけ、発酵を掌る菌の違いを視覚的にも表現した。

FERMENTATION

ingredients	木曽の赤かぶの葉
process	1. 湯通しした葉と元種を交互に重ねる
	2. 葉のゆで汁を注ぎ、重しをして密封する
duration	35～40℃で10時間 冷暗所で1週間

◀ 作り方は105ページへ

発酵のディテール

赤かぶの葉を使った長野県木曽町の伝統的な漬物「すんき」は、世界的にも非常に珍しい「塩を一切使わない漬物」。乳酸菌の力で酸性環境を作り出し、塩なしで雑菌の繁殖を防いで保存性を高めるという、ユニークな手法が取られている。

すんきには、貝類のうま味成分「コハク酸」が豊富に含まれ、一般的な漬物とは異なる独特のおいしさを持つ。これには塩を使わない発酵法が大きく関わっている。一般的な漬物は塩分濃度が高く、塩に強い種類の乳酸菌しか活動できないが、すんきの中では塩に耐性のない種類の乳酸菌も活動できる。その乳酸菌がコハク酸を作り出し、すんき特有のうま味を生み出しているのだ。

前年に仕込んだすんきを元種に新たな葉を加えて発酵を促すが、成功の鍵となるのが、仕込む前にざく切りした葉をさっと湯通しすること。葉の表面に付着した微生物を死滅させることで、葉の中に乳酸菌を呼び込みやすい環境を作る。

1
2

1. 完成して1か月ほどのすんき。地元では11月に一気に仕込み、ひと冬かけて食べるそう。
2. 乳酸発酵ソルベでは、すんきの漬け汁を使用。発酵が進むごとに液体が白濁し、角の取れたまろやかな味わいに変化していく。

発酵独活《うど》と細魚《さより》のクリュ・タリアテッレ，晩白柚《ばんぺいゆ》

le sputnik　髙橋　雄二郎

1. 発酵10日目。生でそのまま使うので、塩はぎりぎりまで減らし、塩味が食材に入りすぎないように調整してある。

2. ジュレは発酵させていないうどのゆで汁に白ワインヴィネガー、ゆず皮、木の芽で香りづけたもの。

FERMENTATION

ingredients	軟白うど
process	2％の塩水に漬ける
duration	常温で1週間～10日

発酵のディテール

うどはアクが強くて固く、生では食べづらい食材だが、発酵させるとアクが適度に抜けるうえ、食感も変わって生でもシャキシャキとした歯応えを楽しめる。風味の変化よりも、食感の変化が目的の発酵である。

うどならではの香りは発酵によってかなり強調され、そのままでは料理に使いづらい。料理に仕立てる前には柑橘の果汁にくぐらせて香りを和らげ、ほかの食材との調和を図る。

料理のアウトライン

適度に水分を抜いたサヨリと発酵させたうどをそれぞれスライスして丸め、見た目にはどちらか分からないように盛りつけた、遊び心ある一皿。白身ながらうま味の強いサヨリは、発酵うどのほろ苦さと食感、特有の香りに負けない力強い食材。このふたつを柑橘の果汁にくぐらせ、爽やかな風味でまとめた。発酵させていないうどのゆで汁にはフレッシュな香りが移っているので、このゆで汁をジュレにして間に挟み、仕上げにゆず皮と晩白《ばんぺい》柚《ゆ》の果肉を散らした。

◀ 作り方は106ページへ

発酵ソール・ボンファム

le sputnik　高橋　雄二郎

FERMENTATION

ingredients	マッシュルーム
process	3％の塩水と真空にかける
duration	常温で2〜3週間

1. マッシュルームのほか、舞茸の発酵も行っている。マッシュルームとは全く異なるうま味があり、別の調味料として捉えて料理に活用できそうだという。
2. 3週間発酵させたマッシュルームの発酵液。発酵が進むほど、色が濃くなっていくが、酸味は角が取れてまろやかになっていく。

発酵のディテール

きのこの発酵は安定させるのが難しい。高橋シェフ曰く、条件を完全に揃えても、個体によって風味に大きなバラつきが出てしまうのだという。マッシュルームの場合は、大別すると紹興酒のような香りになるものと、チーズのような香りになるものがあり、チーズタイプは主張が激しく、紹興酒タイプのほうが香りが落ち着いていて味に深みがあり、調味料として使い勝手がよい。

料理のアウトライン

古典的な舌平目料理「ソール・ボンファム」に発酵のうま味を足し、深いコクを持つ、より濃厚な味へと進化させた。マッシュルームの発酵液は、サバイヨンを作るさいに卵黄と一緒に仕上げで加え、湯煎でかき立てる。煮詰める段階で加えると、せっかくの発酵の風味が加熱で損なわれてしまうからだ。

発酵マッシュルームでデュクセルを作ると発酵の香りが全面に出すぎてしまうため、デュクセル自体はフレッシュのもので作り、サバイヨンに混ぜ込まずに別パーツとして組み立て、発酵マッシュルームが持つ独特の風味とマッシュルーム本来の風味をどちらも引き立たせた。

◀ 作り方は107ページへ

マッシュルームのデュクセルを底に敷き、
低温加熱した舌平目、マッシュルーム、
黒トリュフのスライスを重ね、サバイヨ
ンで全体を覆う。

セリと塩麹エスプーマのディップ

Cofuku　赤木 渉

FERMENTATION

ingredients	セリの葉
process	2%の塩水と真空にかける
duration	常温で1週間

1．発酵3日目。香り自体はあまりなく、強烈な酸味が得られる。
2．完成した発酵セリの水気を切り、ディハイドレーターで乾燥させてパウダーにする。使うときには、発酵させていないセリパウダーを混ぜ、色と香りを補う。

発酵のディテール

セリの葉の発酵は、強烈な酸味を料理のアクセントに利用するのが目的。発酵させるとセリ本来の香りはほとんどなくなるが、残ったほのかな香りこそがミソ。セリの根とわずかに香りの共通項があるため、ヴィネガーで酸味をつけるよりも一体感を持たせられる。乾燥させると味が凝縮するので、塩分はできるだけ減らし、発酵期間を短めにとってある。

◀ 作り方は108ページへ

料理のアウトライン

イメージは春の七草がゆ。しょっつると塩麹で煮込んだ米をエスプーマでなめらかな泡にし、素揚げした乾燥セリの根をスナック感覚でディップして食べる。塩麹エスプーマは見た目に反してうま味が強い。そこで、セリの根に発酵させたセリの葉の乾燥パウダーをまぶして酸味を効かせ、塩麹エスプーマに負けないシャープな味に仕上げている。

レンズ豆のテンペ

Restaurant Air　山本　英男

表面が白いテンペ菌（クモノスカビ）に覆われ、外見がカマンベールに似ているため、「東洋のチーズ」とも呼ばれる。山本シェフはレンズ豆（右）のほか白インゲン豆（左）でも仕込んでいる。

FERMENTATION

ingredients	レンズ豆
process	1. 酢水に漬けてふやかし、皮をむく
	2. ゆでてテンペ菌を混ぜ、型に詰める
duration	32℃で22〜24時間

赤キャベツはジュニパーベリーとレーズンを加えて発酵させ、ほのかな甘味と複雑な風味を持たせてある。

FERMENTATION

ingredients	赤キャベツ
process	2％の塩でもみ込む
duration	32℃で3〜5日　冷蔵庫で5日

発酵のディテール

インドネシアの伝統的な大豆発酵食品「テンペ」の製法を、レンズ豆に応用。優れた健康食品として注目を集めるテンペは、納豆と違って独特の香りやクセがなく、グルタミン酸やアスパラギン酸が豊富で、うま味が強く感じられるのが魅力。ゆでた豆の表面に菌がつき、豆同士を結着させる効果もある。

ゆでる前に豆を酢水に漬けてPH値を酸性にし、ほかの雑菌の侵入を防いでからテンペ菌を混ぜ込む。このとき、表面が固いと菌が侵入できないため、柔らかめにゆでて皮を取り除く必要がある。ただし、柔らかくゆですぎて豆がつぶれると、豆同士が密着して菌が入り込む隙間がなくなってしまうので、ゆで加減が肝心だ。過発酵になると表面が黒くなってアンモニア臭が出やすい。保温器を使って温度を一定に保ったほうが失敗しづらい。

◀作り方は109ページへ

料理のアウトライン

焼いたレンズ豆のテンペを土台に、豚の背脂入りメルゲーズ、発酵させた赤キャベツを重ね、赤キャベツの発酵液で作った薄いシートで全体を覆い隠した。ビストロの煮込み料理を踏襲した組み合わせで、ほっと安心できる味ながら、テンペの香ばしさとプチプチとした食感が加わり、煮込みとは一線を画する斬新さも兼ね備える。

伝統的なテンペは、大豆をバナナの葉に包んで発酵させるという。そのイメージで、バナナの葉に盛りつけてバナナのフリットを添え、南国風に仕立てた。

塩麹漬けホロホロ鳥と発酵じゃがいものエスプーマ

Cofuku　赤木 渉

発酵じゃがいもをピュレにし、エスプーマにかける。生クリームを加えることでコクが増し、やや土っぽい香りとチーズのような風味を合わせ持った味わい深いムースになる。

FERMENTATION

ingredients	じゃがいも（メークイン）
process	5％の塩水と真空にかける
duration	常温で約2～3週間

発酵のディテール

「ニシンと発酵じゃがいものパンケーキ」（12ページ）で使った発酵じゃがいもをピュレにし、生クリームなどと合わせてエスプーマにかける。ムース状にすることで香りが鼻に抜けやすく、発酵の風味がより感じやすくなる。

発酵を進めすぎると発酵香が鼻につくので、発酵させすぎず、淡い香りにとどめておくのがポイントだ。

ホロホロ鳥は塩麹で30分漬け込み、56℃でジューシーに火入れする。

◀ 作り方は110ページへ

料理のアウトライン

塩麹に漬けたホロホロ鳥のソテーを主役に、発酵じゃがいものムースを上にのせ、マルメロのピュレを付け合わせた。繊細でジューシーなホロホロ鳥が、塩麹で短時間漬けることでいっそう柔らかくなり、噛むと肉汁と一緒に甘酒のようなやさしい甘味が口内に広がる。

エスプーマで絞った発酵じゃがいものムースは、特有の香りと強いうま味を持ち、ともすればほかの食材と合わせづらい個性的なパーツ。肉を塩麹に漬けておけば、ほんのりと発酵香をまとい、その香りが発酵じゃがいもとの共通項となって皿全体がまとまる。

仕上げにカラフルなじゃがいものチップスを肉の表面に並べ、「食鳥の女王」を華やかに着飾らせた。

ウッフブイエのスープ仕立て

à nu, retrouvez-vous　**下野　昌平**

FERMENTATION

ingredients	豆乳
process	ヨーグルト、塩麹と一緒に 密封瓶に入れる
duration	40℃で5時間

小さな粒状の固まりは、乳酸菌の働きで凝固したたんぱく質。このまま使えば食感にも変化がつけられる。

◀ 作り方は112ページへ

料理のアウトライン

ウッフブイエにマッシュルームのスープと自家製豆乳ヨーグルトを組み合わせ、とろりとなめらか、3つのうま味がかけ合わさったコクのある料理を完成させた。豆乳ヨーグルトには発酵時に塩麹を、発酵後に甘酒と柚子果汁を隠し味に加えてある。フレッシュな野菜と盛り合わせ、サラダとして供する。

発酵のディテール

ヨーグルトを元種とし、豆乳を乳酸発酵させた。ヘルシーで昨今の健康志向にも合致し、元種をヨーグルトではなく、植物性の乳酸菌に変えれば、ヴィーガン用の料理としても活用できる。味わいはクリーミーでまろやかな甘味があり、ヨーグルトのような酸味はほとんど感じない。今回は塩麹で麹が持つコクを足したが、塩麹がなくても発酵に影響はない。

蝦夷鹿芯々のカルパッチョ　発酵ビーツ　カゼイン

le sputnik　髙橋　雄二郎

発酵が完了したら冷蔵庫で長期保存が可能。実験では半年経過しても味も色もよい状態を保っていたそう。

FERMENTATION

ingredients	ビーツ
process	1.ビーツを薄切りし、3％の塩をもみ込む
	2.黒粒こしょう、ジュニパーベリー、ローリエと一緒に真空にかける
duration	常温で2週間

乳固形分は半乾燥させ、しっとりとしたそぼろ状に仕上げる。

FERMENTATION

ingredients	牛乳
process	1.レモン汁を入れ、80℃でホエーと乳固形分に分離させる
	2.固形分をほぐして乾燥させる
duration	30～40℃で1日

発酵のディテール

ビーツはシュークルートのレシピを応用して作ったもの。30種以上の野菜で試したが、ビーツは比較的安定しやすく、多少の退色はあるものの、鮮やかな赤色を保つため使い勝手がよい。

牛乳をレモン汁の酸の効果で分離させた乳固形分は、温かいところで1日乾燥させておくと、ごく軽く発酵が進み、リコッタチーズとヨーグルトの中間のような柔らかな酸味とほのかな発酵香をまとう。

料理のアウトライン

鮮烈な赤が目を引く料理の主役は、ねっとりと濃厚な鹿もも肉のスライス。その上に発酵ビーツと半乾燥させた乳固形分を盛りつけ、乾燥ビーツパウダーがふりかけてある。

鹿肉はマリネ後脱水シートで水分を抜き、殺菌温度ぎりぎりで火入れする。半乾燥させた乳固形分はしっとりとしたそぼろ状で、口の中でほろほろとほどけ、飾りつけた赤水菜は、生と乾燥させたものをどちらも使う。パーツごとに水分を絶妙にコントロールし、味の凝縮感と一体感が高まるように計算し尽くされた料理だ。

◀作り方は111ページへ

マグロとガスパチョ

Cofuku　赤木 渉

FERMENTATION

ingredients	トマト
process	ざく切りし、2％の塩と一緒に真空にかける
duration	常温で1週間

1．発酵3日目。4日あたりから急にガスがたまって袋がふくらんでくる。
2．静かに紙漉しし、透明の液体だけを抽出。
3．凍らせてパコジェットで粉砕したシャーベット。見た目からは想像できないパンチの効いた味わいだ。

発酵のディテール

通常は酢で出すガスパチョの酸味を、トマトを乳酸発酵させた酸味に置きかえ、複雑な香りを持たせるのが狙い。調味料のように少量加えるのではなく、ガスパチョのベースになるため、発酵トマトの味が料理にストレートに出る。そこで塩分は2％量にとどめ、発酵もやや手前で終了し、乳酸の爽やかな発酵香を生かしつつ、フレッシュなトマトのジューシーさも残しておく。

料理のアウトライン

ガスパチョは赤いパーツではなく、実は純白のシャーベット部分。発酵トマトで作ったガスパチョから透明な液体を抽出し、凍らせてパコジェットで粉砕してある。

赤いパーツは塩水でほどよく水分を抜いたマグロの赤身と、紅くるり大根のスライスを交互に並べて成形したものだ。そこに、アンチヨビから取った魚醤と大葉オイルで味を調えたマグロ節のブロスを注いで完成。発酵の複雑な香りを持ったトマトと魚醤は、料理に奥行きを与えるだけでなく、共通の香りが料理全体を調和させてくれる。

3か月以上熟成させた自家製アンチョビ。上がってきた液体を魚醤として利用する。

◀ 作り方は113ページへ

発酵海老いものフライ

Sublime　加藤　順一

FERMENTATION

ingredients	海老いも
process	皮をむいてスライスし、 2.5％の塩水に漬ける
duration	35℃前後で２週間

発酵のディテール

海老いもをスライスして塩水に漬けるのは、表面積を増やすことで菌がつきやすい環境を作り、発酵を促進させる狙いがある。強い酸の香りがあるが、味自体に酸味はほとんどなく、甘味のほうが強く感じられる。これは温かい場所に一定期間おくことで酵素が活性化し、いもに含まれるでんぷんの糖化が起こっていると考えられる。

漬けてから約１週間。スライスすることで水分が出やすくなり、1kgのいもで仕込むと200㎖は水かさが増す。

◀ 作り方は114ページへ

料理のアウトライン

海老いもの形と表面の縦縞模様が海老に似ていることが名前の由来で、味自体の共通点はないはずだが、不思議なことに発酵させた海老いもを揚げてみると、桜海老を思わせる香ばしさが出てくる。そこで、足赤海老と海老いもだけで構成し、相性のよさをシンプルに味わえる料理に仕上げた。

足赤海老はごく短時間の火入れでミキュイにし、発酵させていない海老いものピュレを塗って、発酵海老いもチップスで全体を覆う。ピュレは海老いもの発酵液で濃度を調整し、発酵によって生まれたうま味をプラスした。

ミキュイの海老、なめらかなピュレ、歯切れよいチップスと、食感にグラデーションをつける。

真牡蠣、うに…磯辺　発酵野菜のラヴィゴット・エルブ

le sputnik　高橋　雄二郎

FERMENTATION

ingredients	かぶ、玉ねぎ、にんじん、エシャロット、にんにく、セロリ
process	薄切りし、黒粒こしょう、ジュニパーベリー、ローリエと一緒に2%の塩水に漬ける
duration	常温で1〜2週間

1 | 2

1. ミックス野菜の発酵。単体で漬けてあとから混ぜ合わせるより、混ぜて発酵させたほうがまろやかで使い勝手のよい味に仕上がる。
2. 発酵野菜をみじん切りにし、生のエシャロット、ハーブピュレ、オリーブオイルでラヴィゴットソースに。塩のかわりに発酵液で味を調える。

発酵のディテール

かぶやキャベツをはじめとするアブラナ科の野菜は、比較的糖度が低く、繊維がしっかりしているため乳酸発酵に適している。ほかの野菜も発酵に適した野菜と一緒に加えることで発酵の促進が期待できる。高橋シェフによれば、各野菜を単体で発酵させると、味がきつく、くせが出やすいが、数種合わせて発酵させるとお互いが緩和剤となり、まろやかに味がまとまってくるそうだ。

◀ 作り方は116ページへ

料理のアウトライン

牡蠣とうににアオサをまとわせた磯辺揚げ風のフリット。海の幸のうま味をぎゅっと凝縮したこのフリットに、発酵野菜のラヴィゴットソースを合わせ、酸味で味を引き締めながら、発酵の成分でさらなるうま味アップを図る。ラヴィゴットにはミックスハーブのピュレを加え、同じくミックスハーブを乾燥させたパウダーをふりかけ、濃厚ながら、後味には清涼感が残るように工夫した。

小さな野菜のピエロ仕立て すんきベアルネーズ

ザ・プリンス パークタワー東京　レストラン ブリーズヴェール
桂　有紀乃

1
2

1. すんきは無塩発酵で料理の塩味を左右しないため、たっぷり混ぜ込んでソースに風味を乗せられる。
2. バターの油脂分にすんきのうま味成分「コハク酸」が加わり、相乗効果で深いコクのベアルネーズになる。

FERMENTATION

ingredients	木曽の赤かぶの葉
process	1. 湯通しした葉と元種を交互に重ねる
	2. 葉のゆで汁を注ぎ、重しをして密封する
duration	35～40℃で10時間 冷暗所で1週間

発酵のディテール

無塩発酵の漬物「すんき」（14ページ参照）が持つうま味成分をソースとして活用しようとしたとき、「身体にやさしく、機能性のある料理」を志向する桂さんには温度の壁が立ちはだかった。発酵食品に含まれる乳酸菌を生きた状態のまま摂取するには、60℃以下の調理が求められるが、フランス料理のソースは高温で煮詰める場合がほとんどだ。

そこで思いついたのが、卵黄をかき立てるソース・ベアルネーズ。これなら卵黄が固まらないように弱火で加熱するため、50℃以下の調理で済む。通常のベアルネーズには酢とエストラゴンを加えるところを、酸味と香りの要素をすんきの漬け汁と刻んだすんきに置きかえ、特有の風味を生かした。

◀ 作り方は115ページへ

料理のアウトライン

酢と香草の役割を自家製すんきが一人二役で担う、うま味の強いソース・ベアルネーズが主役の料理。

ブリオッシュ生地のタルトレットにソースを注ぎ、スナップエンドウなどの野菜を盛り合わせ、インゲンのピュレで作った泡ソースを盛りつける。貝類と同じうま味を持つすんきだけに、魚介との相性は申し分ないが、山間で育まれたすんきの文化に敬意を表し、あえて山の幸だけを組み合わせた。野菜には余計な味つけはせず、シンプルな火入れで素材の味を引き出し、ソースの濃厚なうま味をストレートに味わえる一皿に仕上げる。

紀州鴨　シュークルート

le sputnik　髙橋　雄二郎

FERMENTATION

ingredients	キャベツ
process	1. せん切りし、2%の塩をもみ込む
	2. ジュニパーベリー、黒こしょう、コリアンダー、ローリエと一緒に真空にかける
duration	常温で3週間

1. 発酵6日目のシュークルート。3週間ほど経つと、酸味がまろやかになり、うま味が強くなる。
2. ミキサーは使わず、ロボクープで粗いピュレにして歯ざわりのよさを生かす。

発酵のディテール

キャベツは発酵させやすい入門者向きの野菜。塩分濃度を3～4%に上げればさらに安定する。ここではスープとして大量に利用するので、塩辛くなりすぎないように塩分濃度は2%まで減らしてある。一緒に加えるスパイスは風味づけのほか、カビの生育を抑える効果も期待できる。

料理の仕上げに散らした鴨の内臓のオイル漬けにも軽い発酵が起こっており、内臓に含まれる自己消化酵素（プロテアーゼ）の作用で、タンパク質がアミノ酸に分解されている。

鴨の内臓は塩とオイルで1週間以上漬け込んでアンチョビ風に。香りと味が凝縮したうま味調味料として活躍する。

◀ 作り方は118ページへ

料理のアウトライン

最近の風潮では、どうしても新しい食材を醸すことに目が向きがちで、フランスの伝統的な発酵食品であるシュークルートは意外と見落とされている。そこで、レストランの料理としてシュークルートに新たな価値を与えるべく、たどり着いたのが摺り流し風のスープである。

炒めて粉砕したシュークルートを鴨骨で取っただしで伸ばし、ミックスハーブのピュレで色づける。完全なピュレ状にせず軽く食感を残すのは、噛むことでシュークルートの風味をより感じやすくさせるためだ。

ビストロでは豚肉に合わせるのが定番だが、あえて赤身の鴨肉と合わせ、鋭い酸味を生かしたキレのよい鴨料理に仕上げる。キントア豚で作ったラルドを添えて油脂分を補い、シュークルートと鴨肉との相性をさらに高めた。

胸肉はローストに、もも肉はカイエットに仕立て、どちらも仕上げにラルドをのせる。

昆布締めの平目 エルダーベリーの煎り酒

Sublime　加藤　順一

1　2　3

1．1年熟成させたエルダーベリー。今後は紫蘇のかわりにタイバジルなどでも漬けてみたいそう。
2．日本酒に紫蘇漬けのエルダーベリーと鰹節を加えて煮出す。
3．布漉しした煎り酒は澄んだ美しいピンク色に。仕上げにまわしかける。

FERMENTATION

ingredients	エルダーベリー
process	1.塩、米酢、みりんで漬ける
	2.漬け汁で紫蘇をもみ込み、エルダーベリーと一緒に漬ける
duration	常温で紫蘇を入れずに1週間 紫蘇を加えてから1か月以上

発酵のディテール

エルダーベリー（セイヨウニワトコの実）の未熟な果実を梅干しと同じ製法で漬け込んだ。えぐみがあり、梅と同じくアミグダリンという毒素を含むため、生食には向かない。可食には梅干しの製法が有効な手段だ。5ミリほどの小さな粒の中に酸味と塩味がぎゅっと凝縮し、そのまま添えるだけでソースがわりに活躍し、見た目もかわいいので、盛りつけのアクセントにもなる。

梅干し自体は微生物の分解作用を用いてはいないため、厳密には発酵とはいえないが、発酵のプロセスに酷似し、加藤シェフが修業を積んだ北欧では塩漬けや酢漬けも「ferment（発酵させる）」と呼ぶことがあるため、実験のひとつとして紹介する。

◀作り方は117ページへ

料理のアウトライン

紫蘇漬けエルダーベリーを使って「煎り酒」を作り、昆布で締めた平目と合わせた。平目の半分は生のままスライスし、残りは冷凍してスライサーで薄く削り、さらに液体窒素で凍らせて繊細な食感のルイベ風に仕立てる。昆布締めの白身魚と煎り酒といえば、和食定番の組み合わせのはずだが、食感を変えるだけで味わいまで西洋風に感じられるのが面白い。食感が味覚を左右する好例だ。

SECTION 2

肉と魚の発酵

信州サーモン

タンパク質主体の発酵では、微生物の活動以外に「自己消化」が大きく関わっている。自己消化とは、食材自身がもともと持っている消化酵素で、自分の組織を分解する働きのこと。タンパク質がアミノ酸に分解されるなど、うま味成分や風味が増幅する。自己消化が進むと、食材は柔らかくなり、最後には液状化する。魚醤は、魚を液状になるまで発酵させて作られている。

魚介の場合、自己消化の分解作用と微生物による作用は区別がつきづらいものが多いので、２つの作用は区別せず、発酵食品として扱われる。肉の発酵の場合も、微生物の作用と並行して自己消化が起こっていることがほとんどで、肉の熟成もこの働きを利用したものだ。

肉と魚の発酵では、ことさら食中毒の危険性を十分に認識した上で取り組んでほしい。信頼のおける専門家の指導や、専門書で深い知識を身につけることは必須である。

ニシン

しらす

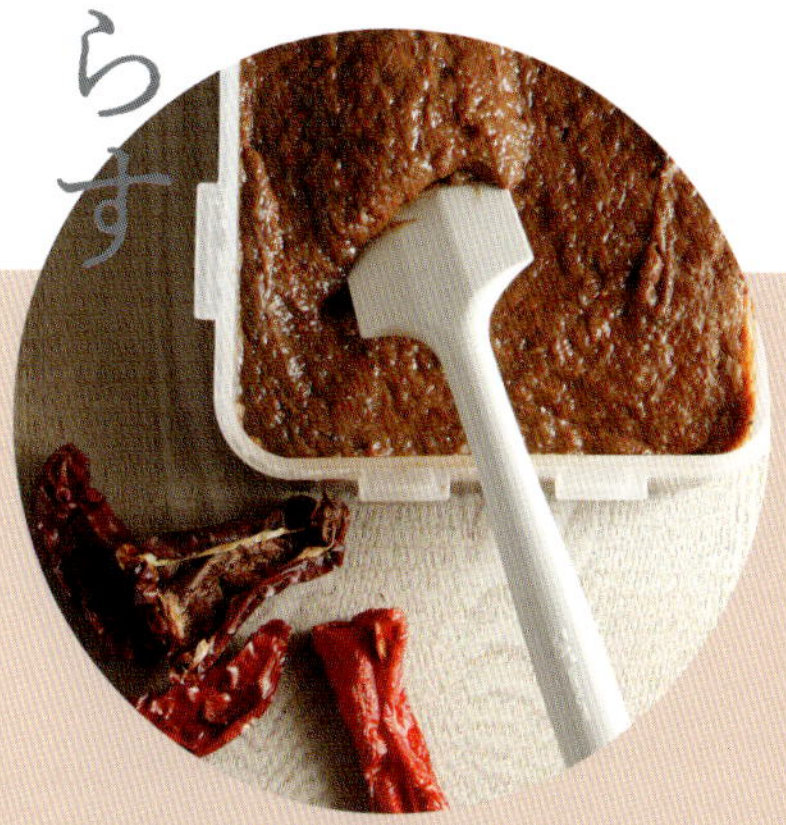

真鯛

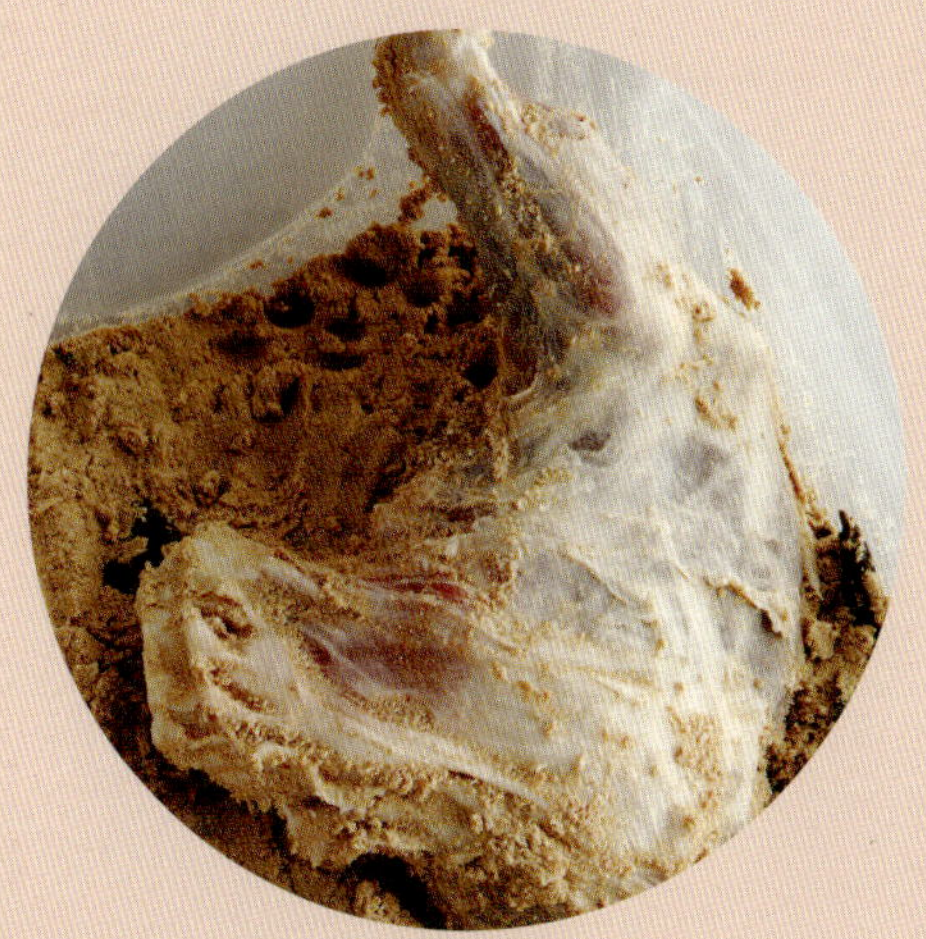

鹿肉

真いわし

猪肉

ヤイトハタ

熊肉

ツキノワグマの生ハムと北欧風レバーパテ

aeg　辻村 直子

レバーパテはミキサーでまわして
ピュレにし、流動性を持たせる。
小麦粉の量も多めで、弾力がある。

FERMENTATION

ingredients	ツキノワグマバラ肉
process	1. 塩、グラニュー糖、ローズマリーで1週間マリネ 2. 乾燥、熟成させる
duration	冷蔵庫で1か月以上

完成したツキノワグマの生ハム。
くせや臭みはまったくなく、クマ
の持つよい香りだけが残っている。
脂がおいしい部位を使う。

発酵のディテール

生ハムは、乾燥の過程で白カビなどの微生物が表面につき、腐敗を起こす菌の侵入を防ぎながら熟成を進め、タンパク質がアミノ酸に分解されてうま味が増す。また、乳酸菌の働きで風味もよくなる。湿気は大敵。腐敗を起こす菌が活性化したり、熟成が進まなくなってしまう。辻村さんが以前働いていたレストランでは、燻製専用の冷蔵庫があったが、現在の調理場では乾燥時に吊るすことができず、環境作りがとにかく難しい。冷蔵庫で寝かせるさいもファンの近くにおき、こまめに位置をかえてまんべんなく風を当てるなど、いかに効率よく乾燥を進めるかに心を砕いているそうだ。

◀ 作り方は121ページへ

料理のアウトライン

ジェラート風にコルネ形に焼いたラングドシャにレバーパテを詰め、コンソメジュレとツキノワグマの生ハム、グリーンペッパーを飾った。

クマのおいしさはなんといっても脂にある。上品な香りと、溶けると同時に広がる濃厚なうま味、甘味。そんな脂をたっぷり含んだバラ肉を乾燥させて生ハムに加工し、味をさらに凝縮させる。

合わせたレバーパテは、低温調理でなめらかな食感を追求した最近の標準的なパテとは異なり、しっかりと焼き込んだ香ばしさが魅力。ねっとりとした生ハムとは味わいも食感も対照的で、お互いを引き立て合ってくれる。

盛りつけには枯れ葉と白いんげん豆を使い、食べ物を求めてクマがさまよう、荒涼とした北欧の冬の森を表現した。

ポーピエット

Restaurant Air　山本英男

◀ 作り方は123ページへ

◀ 発酵のディテールは次のページへ

料理のアウトライン

自家製ヨーグルトでクリームチーズを作り、その過程で得られるホエーを有効活用する。ホエーで魚をマリネすると、臭みが抜けてうま味が強まるだけでなく、生とも加熱後とも違う、しっとりとした独特の食感に変化する。この不思議な食感を生かし、鯛でクリームチーズと蟹を巻いてポーピエットに仕立てた。

ソースはラヴィゴット。ただしヴィネガーを加えない。かわりに、自家製りんごヴィネガーをゼラチンで細かな粒状に固め、イクラに見立てて鯛の上に盛りつける。口の中でソースが完成するようにプレゼンテーションにひねりを加え、自家製ヴィネガーのまろやかな酸味とりんごの風味を感じやすいように工夫した。仕上げに白ワインとシェリー酒で漬け込んだ自家製カラスミをスライスし、凝縮したうま味を添える。

ポーピエット

Restaurant Air　山本英男

FERMENTATION

ingredients	真鯛
process	1.自家製クリームチーズを作り、ホエーを抽出
	2.真鯛を塩で30分マリネ
	3.ホエーにレモン汁を加え、真鯛を漬ける
duration	冷暗所で24時間

FERMENTATION

ingredients	りんご
process	1.りんご果汁を瓶に入れてさらしで蓋をする
	2.3日に1度かき混ぜる
duration	26℃で5〜7日 常温で3〜6か月

発酵のディテール

ホエーにレモン汁を加えてpHを酸性にし、その液体に鯛を漬け込む。するとホエーと鯛の身に含まれる酵素が活性化し、タンパク質がアミノ酸に分解されてうま味が強くなる。このとき、筋繊維の結束が弱まり、身が柔らかくなる。酸は雑菌の繁殖を抑える効果も強く、保存性も高まる。酢締めと同じ原理だが、ホエーなら酢特有の香りや強い酸味をつけずに食感を変えられるため、料理の自由度が大幅にアップするのが魅力だ。柔らかくなりすぎないよう、あらかじめ塩で身を引き締めておく。

ソースの一部として利用した自家製りんごヴィネガーは、果汁に含まれる糖を酵母が分解してアルコールを生成、そのアルコールを酢酸菌がえさにして酢酸を生み出すという、2段階の発酵で作られている。酢酸菌は好気性なので、ときどきかき混ぜて空気に触れさせ、働きを活発化させる。アルコール発酵中はガスが発生し、完全に密封すると瓶内が膨張して割れる危険がある。必ず通気性を持たせること。

2	1
4	3

1. 真鯛はホエーと一緒に真空にかける。身が白濁し、酵素の力で軟化してくる。
2. 塩漬けしたボラの卵を、白ワインとシェリー酒で1週間漬け込み、乾燥させた自家製カラスミ。酒の香りが移り、ワインとよく合う。
3. りんごヴィネガーも自家製なら発酵状態を自由にコントロールできる。既製品に比べて酸味が穏やかで、りんごの風味が十分感じられる状態で使用している。
4. ラヴィゴットはヴィネガーを混ぜずに作る。写真は混ぜ合わせる材料(ディル、黒オリーブ、ケッパーとエストラゴンの酢漬け、黄パプリカ、赤パプリカ、セミドライトマト、セロリ、きゅうり、エシャロット)。

◀ 作り方は123ページへ

スープ・ド・ポワソン 発酵しらす

à nu, retrouvez-vous 下野 昌平

料理のアウトライン

炭火で皮面を焼いてから蒸した香り豊かな甘鯛に、牡蠣とスイートセロリのたたきをのせ、スープ・ド・ポワソンを注いだ。魚介のおいしさを詰め込んだ濃厚な料理である。

スープ・ド・ポワソンには発酵させたしらすを加え、塩辛特有の強いうま味とほろ苦さでスープにキレを出す。この発酵しらす、常温の状態ではほとんど匂いがないが、温かいスープに加えた途端に芳ばしい香りが一気に立ちのぼり、食欲を増幅させてくれる。

FERMENTATION

ingredients	しらす
process	1.塩をふってしばらくおき、脱水する
	2. 6.5％の塩、パプリカパウダーを混ぜ合わせる
	3.トンカ豆を加え、密封容器に入れる
duration	冷蔵庫で２週間

発酵のディテール

塩辛と同様の製法で、塩で雑菌の繁殖を防ぎながら自己消化酵素によってタンパク質の分解を促し、アミノ酸などのうま味成分や風味を生成させる。自己消化酵素は内臓に多く含まれているので、内臓つきで丸ごと仕込めるしらすは塩辛作りに適した食材だ。

下野シェフは長野県産ピーマンを使った自家製パプリカパウダーとトンカ豆を加え、刺激的な辛味とバニラ香で風味づけている。

完成した発酵しらす。形はとどめていないが、あらかじめ水分を抜いてから仕込むためか、アンチョビのように液体が上がってくることはない。左下にあるのは、風味づけに加える自家製のドライパプリカ。

◀ 作り方は120ページへ

アンチョビムースのディップ

aeg　辻村 直子

アンチョビムースの中には、乾燥させた
アンチョビを砕いて散らしてある。

FERMENTATION

ingredients	真いわし
process	いわしに20％の塩をまぶす
duration	冷蔵庫で1か月以上

1年発酵させたアンチョビ。自己消化が進み、やや液状化している。

発酵のディテール

オイル漬けするまでに十分に期間を取り、一般的なアンチョビよりも発酵を進ませる。発酵香が増して味わいが深まり、調味料としてほんの少量加えるだけでも、濃厚なうま味を料理に添加できる。日本のいわしは脂がのっており、脂のうま味との相乗効果で、より味が強く感じられるそうだ。

◀ 作り方は122ページへ

料理のアウトライン

「素材に極力手を加えず、自然が作り出したおいしさをそのまま味わってもらいたい」という辻村シェフ。真いわしを1年発酵させたアンチョビは、酵素の力によって滋味深く変化した、まさに自然が料理した味。生クリームと混ぜ合わせ、エスプーマを使ってムースに仕立てた。

このムース、臭みはなく、塩味も強くない。生クリームと合わせることで甘味が強調され、発酵の香りも穏やかになる。アンチョビが主役とは思えないほど優雅な味わいだ。

苦味や辛味がしっかり効いた味の濃い生野菜にディップして食べれば、自然が持つ力強さと奥深さを舌で体感できるはずだ。

発酵信州サーモンのスナック

Cofuku　赤木 渉

FERMENTATION

ingredients	信州サーモン
process	塩、グラニュー糖、ディルでマリネ
duration	冷蔵庫で1週間

液体窒素でサーモンの表面だけを凍らせ、ゼラチンを溶かしたバターミルクにくぐらせてコーディングする。

ホースラディッシュの香りを移したパウダーも別に添える。

発酵のディテール

塩でマリネして雑菌の繁殖を防ぎながら、冷蔵庫で1週間寝かせると、身質がとろけるような食感に変化し、ほのかな発酵香をまとう。サーモンの自己消化酵素の分解作用がおもな要因だが、マリネで糖を添加することで、微力ながら乳酸菌や酵母が働いていることも考えられる。

◀ 作り方は124ページへ

料理のアウトライン

ノルウェーには、マス類を塩漬けして数か月発酵させた「ラクフィスク（Rakfisk）」という、伝統的な発酵食品がある。身が溶けるほど長期発酵させたものまであり、きつい発酵香と独特のくせがある。現地では愛好家が多く、サワークリームや玉ねぎと合わせてそのまま食べられている。

この発酵食品をヒントに、日本人が食べやすいまろやかな味わいにアレンジしたのがこの料理。軽く発酵香をつけた信州サーモンを丸く成形し、バターミルク（バターを作った時に残る液体のこと）で表面をコーティングしてショーフロワ風に仕立てる。穏やかな風味のサーモンには、酸味のきついサワークリームより、まろやかなバターミルクのほうが好相性。柔らかな発酵香を持つ食材同士で一体感を出す狙いもある。ホースラディッシュの香りを移した油をマルトセックでパウダー状にして添え、サーモンの雪玉とこのパウダーで、信州の雪景色を表現した。

猪の糠漬けミルフィーユ

à nu, retrouvez-vous　**下野 昌平**

料理のアウトライン

骨つきで丸ごとロティした猪もも肉をスライスし、根セロリと重ね合わせてミルフィーユ風のテリーヌに仕立てた。

猪もも肉はロティの前に糠床で1週間漬け込んである。糠漬けの効果でうま味と香りが増すと同時に、熟成が進んで身質もしっとり柔らかくなる。

ソースは白味噌とゆず。白味噌ソースには石垣島産の島こしょう「ピパーツ」のピュレを加える。ピパーツはシナモンや八角を思わせる甘い香りとこしょう系の辛味が特徴。濃厚で複雑な香りのテリーヌにあえて強い香りのソースを合わせ、オリエンタルで個性的な皿を生み出した。

FERMENTATION

ingredients	骨つき猪もも肉
process	1.米糠に塩、昆布、唐辛子を入れて糠床を作る
	2.野菜のくずで捨て漬けする
	3.猪肉を漬け込む
duration	常温で糠床作り4日以上 猪肉を漬けてから1週間

発酵のディテール

糠漬けを仕込むさいには、食材を漬ける前に「捨て漬け」と呼ばれる作業が必要。野菜のくずなどを漬け、その野菜をえさに糠床の乳酸菌や酵母を増やす。こうしてたっぷり菌を含んだ糠床に食材を漬けると、乳酸菌や酵母が活発に働き、うま味や栄養が食材に染み込んでよい風味がつく。

糠漬けの風味は強く、くせのない食材を漬け込むと糠漬けの味に支配されて個性が失われてしまう。猪肉をはじめ、ジビエ類は食材自体に力強い風味があり、互いの個性を引き立て合えるのでおすすめ。漬けている間に熟成も進んで肉自体の風味が増幅し、糠漬けの風味と相まって奥深い味わいに仕上がる。

1. 漬け上がった猪肉。水分が糠に移り、糠床自体が柔らかくなる。野菜の漬物の場合は米糠を継ぎ足して固さを調節して使い続けるが、ジビエを漬ける場合は、毎回1から糠床を仕込んでいる。
2. 完成した糠床。昆布と唐辛子を加えることで、昆布のうま味が移ると同時に、雑菌の繁殖も防げる。

◀ 作り方は128ページへ

ヤイトハタ　糠漬け　シャンパン

le sputnik　高橋　雄二郎

料理のアウトライン

ソースが料理の味わいを左右するのがフランスの魚料理。そのなかで、あえてソースなしでパンとワインに合う一皿を作ることは可能だろうか。高橋シェフが目をつけたのが、味噌漬けや粕漬けの魚である。発酵香と強いうま味があり、ただ焼いただけなのに驚くほどごはんが進む。これをパンが欲しくなる洋風の味に変化させるべく、味噌や酒粕よりも匂いが穏やかな糠漬けで挑戦。シャンパンと白ワインで練って糠床を仕込み、セロリなどの香味野菜、ハーブを捨

FERMENTATION

ingredients	ヤイトハタ
process	1. シャンパン、白ワインで糠床を作る
	2. 香味野菜、ハーブ、マッシュルームで捨て漬けする
	3. 約2週間熟成させたハタを糠床で漬ける
duration	常温で糠床作り1か月 ハタを漬けて1日

◀ 作り方は129ページへ

て漬けに使って香りを移してみた。この洋風糠床に熟成したハタを漬け込んでみると、ほのかにワインの香りをまとう面白い糠漬けハタが完成した。味わいを生かすためシンプルに焼き上げ、同じ床で漬けた肝とエシャレットを添える。

発酵のディテール

糠床のなかではさまざまな種類の乳酸菌と酵母が働いており、この菌のバランスによって、酸やうま味、香りの強さが変わってくる。シャンパンには酵母や乳酸菌、それらの菌のえさとなる糖分が豊富で、菌の活動を助ける効果が期待できる。

先にハタを熟成させておくことで、タンパク質が分解されてアミノ酸が増えた状態になっているので、菌の活動がより活発になると考えられる。

1
2

1. ハタは300g程度に切り分け、糠床で覆って1日。水分がほどよく抜け、漬け魚らしい弾力ある身質に変化する。
2. 内臓は熟成させず、新鮮なうちに漬け込む。

現在は糠のかわりにパンクラムを使った「パン床」を作成中。「さらにワインとの相性が高まるはず」と期待を寄せる。

鹿節

Restaurant Air　山本英男

FERMENTATION

ingredients	鹿バラ肉、鹿骨
process	1.酒粕、塩、和三盆、日本酒を混ぜ合わせ、鹿肉を漬け込む
	2.酒粕を取り除き、スモークにかける
	3.脱水を繰り返し、熟成
duration	冷蔵庫で酒粕つきで1〜2週間 スモーク後3か月

料理のアウトライン

奈良漬けの手法とスモークを組み合わせて作る山本シェフオリジナルの「鹿節」は、複雑な風味が味わえる面白い食材。この鹿節で取ったスープを、低温でしっとり火入れした鹿肉のタルタルと組み合わせ、仕上げに鹿節を削って飾る。時間が育んだ凝縮したおいしさと、フレッシュだからこそ味わえるジューシーなおいしさのアンサンブルを楽しめるタルトレットだ。

タルト台にはどんぐりで作ったクリームを塗り、組み立て後には全体を竹の子で覆う。このふたつは野生の鹿の生活をイメージしたもの。テロワールの考えどおり、同じ環境で採れる食材同士は間違いのない相性を発揮してくれる。骨の鹿節にタルトを盛りつけてプレゼンテーションにも工夫を凝らし、野性味溢れる料理に仕上げた。

◀ 作り方は126ページへ

鹿節で取ったスープはベジタブルゼラチンで固めてタルトの上にのせる。食べると口の中でスープが弾ける。

1
2

1. 酒粕で鹿骨の全体を覆い、発酵させる。
2. スモーク後乾燥させて完成。骨はだし取りに、肉は削ってそのまま食べるとおいしい。

発酵のディテール

かつお節は製造の過程でカビづけを必要とする。カビづけには、水分の除去、脂肪とタンパク質の分解、よい香りの生成などの働きがあるが、調理場でのカビづけは難しい。そこで、脂肪とタンパク質の分解作用を粕漬けで代用。酒粕に含まれる酵母や麹菌などの働きで、うま味と保存性の向上を図る。その後スモークにかけて乾燥させると、かつお節とは異なるものの、酒粕の風味がよい方向に働き、豊かな香りを持った今までにない発酵食品が完成した。

琵琶マス鮓《ずし》

aeg　辻村 直子

料理のアウトライン

パンの上に美しく盛りつけられたオープンサンド「スモーブロ」は、デンマークの国民食。具材の組み合わせがよく練られており、専門店では、具材の味に合わせてパンの種類も細かく選定されている。

このスモーブロを日本の国民食である鮓と融合。酢飯の上にマリネした琵琶マスを敷き詰め、キャビアやディル、エディブルフラワーを彩りよく飾り、華やかな北欧風ばらちらしに仕立てた。

赤酢を使った酢飯は、まろやかな酸味がライ麦パンを思わせる。そこで、ライ麦パンのスモーブロの定番具材、酢漬けニシンも角切りにして散らした。ほどよく発酵させたニシンは、魚のうま味と酸味以外にチーズのような香りがあり、その複雑な風味をアクセントとして少量加えるだけで、鮓が一気に北欧の味にまとまる。

FERMENTATION

ingredients	ニシン
process	1. 塩漬けする 2. 水、白ワインヴィネガー、グラニュー糖、黒こしょう、ローリエ、コリアンダーで漬ける
duration	冷蔵庫で1か月以上

発酵液は継ぎ足しながら使い続ける。
写真は2年間継ぎ足した発酵液に、
ニシンを半年ほど漬けたもの。

発酵のディテール

辻村シェフのレシピは、一般的な酢漬けに比べて水分が多く、さらに、前回のマリネ液を継ぎ足しながら使い続けている。酢漬けとはいっても、そのじつはシュールストレミング（スウェーデンで作られる、塩漬けニシンを発酵させた缶詰め）のような発酵食品に近く、長期間発酵させ続けると溶けて液状化してくる。液状化したものは調味料として使っているそうだ。

◀ 作り方は125ページへ

自家製が現地のスタンダード

デンマーク流 レストランの発酵バター

伝統的なデンマーク料理を提供した店「カフェ・デイジー」を15年以上営み、北欧食器の輸入やデンマーク人留学生の積極的な受け入れなど、食文化のみならず、デンマークと日本の架け橋的存在として活躍してきた辻村直子さん。2012年にデンマークに拠点を移し、昔ながらの製法を守り続けるパン屋や、現代的な「ノルディック・キュイジーヌ」のレストランで修業を積みながら、北欧の食文化と改めて向き合ってきた。

現地に身を置き、彼らの食に対する姿勢を見つめ直すなかで、新たな発見も多かった。その中のひとつに、バターがある。古典的なレストランは言うまでもなく、最先端をひた走る前衛的なノルディック・キュイジーヌのレストランでさえ、当然のようにバターを手作りしていたのだ。原料の生クリームや発酵の元種を厳選し、練り込むスパイスやハーブの配合を変え、何種類ものバターをストックしている店さえあった。

ヴィネガーやフレーバーオイルなど、調味料の自家製も北欧のレストランでは一般的だが、とくに酪農大国デンマークにおけるバターへの意識の高さと深い愛情には目を見張るものがある。自家製のパンをおいしく食べてもらうには、そのパンに適したバターが必要であり、また、自慢のバターを味わってもらうために、合うパンを仕込む。バターが店の味を左右するといっても過言ではないほど、どの店のバターもおいしく、個性を放っていたのだった。

発酵させた生クリームで作られたバター。攪拌して水分を分離させ、ペーパーで包んで脱水する。

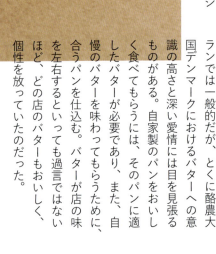

発酵バターとライ麦パン｜aeg 辻村直子

元種のヨーグルトと蜂蜜が味わいの決め手

帰国後に辻村さんがオープンしたレストラン「エッグ」でも、現地での食体験を反映させ、バターとパンは必ず手作りしている。自家製のライ麦パンは、酸味控えめで小麦粉の甘味を引き出し、キャラウェイの香りを効かせた爽やかな風味だ。

そんなパンのおいしさを引き立たせるのは、塩分がなくても深いコクを感じられる濃厚なバター。北欧のパン屋から持ち帰ったヨーグルトを種菌に、生クリームを発酵させて作る。隠し味として、滋賀県産の蜂蜜でフルーティーな甘い香りを加え、複雑な風味を持った発酵バターに仕上げている。

 ◀作り方は130ページへ

副産物も余さず有効活用

バターミルクで作る爽やかなソース

バター作りの過程で抽出されたバターミルク。
「飲むヨーグルト」に似た味で、濃度はなくさらりとしている。

　バター作りでは、生クリームを撹拌して乳脂肪分を分離させ、固形分と液体とに分ける。この固形分をひとまとめにして固めたものがバターだ。一方、残った液体は「バターミルク」と呼ばれる。日本ではなじみが薄いが、欧米ではスーパーに並んでいるほどポピュラーな食材。乳脂肪分が取り除かれ、脂質量が牛乳の3分の1程度と低カロリーなのが喜ばれ、牛乳がわりに飲まれるほか、焼き菓子の材料にも使われる。デンマークでも、パンケーキに混ぜ込んだり、ヨーグルトのようにフルーツと合わせたり、サラダのドレッシングにしたりと、幅広く使われている。

　バターの副産物として必ず出るバターミルクを、辻村さんも料理のソースとして余すことなく活用している。牛乳のコクと爽やかな酸味、さっぱりとした口当たりを合わせ持ったバターミルクは、白身魚との相性がとくによい。ここでは、蒸してから皮面を炙った香ばしいのどぐろと組み合わせている。

　乳酸発酵されているので、やさしい発酵香とうま味もある。ここに、かつおと昆布で取っただしを混ぜ合わせ、うま味の相乗効果を狙う。仕上げにディルのフレーバーオイルをたらして油分を補えば、複合的なおいしさのソースが完成する。

のどぐろのバターミルクソース | aeg 辻村直子

◀作り方は131ページへ

SECTION 3

麹菌を使った発酵

一般に「麹菌」と呼ばれるニホンコウジカビは、日本の食文化には欠かせない存在。だが、麹菌が持つ独特の風味は、日本人にとってあまりになじみ深く、和食を彷彿とさせるだけに、フランス料理や北欧料理に取り入れるのは難しい。

それでも、シェフたちは「国菌」に認定された日本特有の麹菌に果敢に挑み、西洋料理らしい使い方を見出している。

この章で紹介するのは、味噌漬けや甘酒といった伝統的な発酵食品の手法をアレンジし、従来とは異なる食材を発酵させた料理だ。麹菌のパワーでうま味を増幅させたり、独特の風味をソースとして活用するだけでなく、今まで出会ったことのない新感覚の発酵食作りにも成功している。既成概念に囚われないアグレッシブな発酵料理である。

フォワグラ

にんじん

黒麹

アボカド

ベルガモット

フォワグラ　味噌漬け

à nu, retrouvez-vous　**下野 昌平**

味噌（奥）とひしお（手前）を１：１の割合で混ぜ合わせて使う。

FERMENTATION

ingredients	フォワグラ
process	1. 味噌とひしおを仕込む
	2. フォワグラを味噌に漬ける
	3. 味噌とひしおを混ぜ合わせ、フォワグラを漬ける
duration	味噌は常温で２年 ひしおは55℃で２ 週間 フォワグラは常温で味噌漬け、 ひしお味噌漬けで各1日

発酵のディテール

味噌は独特の発酵香が強く、それだけでフォワグラを漬けると完全に和の味になる。そこで、ひしお（穀醤）で割って漬け込み、風味のバランスを取る。ひしおは発酵期間が短く、香りが穏やかなうえ、うま味と甘味の成分が多い。醤油より塩分が少なく、塩味の塩梅もいい。

漬け込むことでフォワグラは焦げやすくなるので、火入れには注意が必要だ。

オーガニックの材料だけで仕込んだ自家製味噌。同じ環境で発酵させても、仕込む人の手によって味が変わるそう。

◀ 作り方は132ページへ

料理のアウトライン

下野シェフ曰く、「フランス料理に足りないうま味のおいしさを補えるのが発酵の強み」。

とくに麹の発酵食品に慣れ親しんだ日本人にとっては、麹によるうま味は直感的においしいと感じられるという。フランスではフォワグラは甘味によって風味を引き出すところを、味噌としおで漬け込んで麹のうま味に置きかえ、日本人になじみやすい味わいのフォワグラ料理を作ってみた。

フォワグラの濃厚さに合わせ、ソースには卵のコクが効いたサバイヨンを選択。フォワグラにしっかり塩味があるため、塩は一切加えない。自家製の黒豆味噌をペースト状にして乾燥させた「黒豆味噌チップス」を添え、さらに麹の風味を高めた。

黄かぶの塩釜焼き　ベルガモットゆべしのソース

Sublime　加藤 順一

FERMENTATION

ingredients	ベルガモット
process	1. 果肉をくり抜いたベルガモットの皮に調味した味噌を詰める
	2. 90℃で1時間蒸し、味噌の中に埋め込む
	3. 表面の味噌を拭き取って乾燥
duration	常温で1年

料理のアウトライン

「ゆべし」といえば、和菓子としての知名度が高いが、もとは中身をくり抜いたゆず皮に味噌やくるみを詰めて発酵、乾燥させた珍味。現在でもいくつかの地域では珍味のほうのゆべしが作られている。加藤シェフが育った静岡県の掛川もそのひとつ。シェフの祖母は毎年手作りし、祖父が酒肴として楽しんでいたそうだ。そんなゆべしを、ベルガモットを使って洋風にアレンジし、そのおいしさだけで料理を組み立ててみた。黄かぶの表面にペーストにしたベルガモットゆべしを塗りつけ、塩釜焼きで香りを閉じ込める。厚切りした黄かぶにスライスしたベルガモットゆべしをのせ、さらに一番だしで溶いたゆべしソースをかけて完成。シンプルな材料ながら、形状を変えることで、ゆべしの香りと味をどちらも引き立たせることに成功した。

◀作り方は133ページへ

1. 蒸し終わったベルガモットゆべし。味噌を詰めた状態で蒸すことで、中の味噌に皮の香りが移る。
2. １年以上漬け込んだら、常温で1週間以上乾燥させる。薄切りしてそのまま食べてもおいしい。

発酵のディテール

味噌を詰めたベルガモットは、漬け込む前に蒸す。この工程がゆべし作りのポイントで、蒸さないと食べられないほど固くなってしまう。蒸して皮を柔らかくすることで、味噌に含まれる麹菌や酵母が活動しやすい環境になると考えられる。

加藤シェフの地元で作られるゆべしは、八丁味噌をみりんで溶き、くるみを加えていたそう。一方、オリジナルのベルガモットゆべしでは、八丁味噌と白甘味噌を合わせ、少量のみりんとベルガモット果汁で伸ばす。ベルガモットの苦味と甘味、豊かな香りを強調し、より洋風の味に仕立て直すのが狙いだ。

3. 塩が直接当たらないよう、わかめで黄かぶを包んでから塩釜に入れる。わかめなら余計な風味がつかない。
4. 焼き上がった塩釜は客席へ。釜を割った瞬間、ベルガモットゆべしの香りが一気に立ちのぼる。

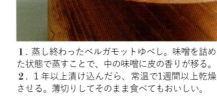

石垣牛と黒麹

à nu, retrouvez-vous　下野 昌平

FERMENTATION

ingredients	黒麹
process	黒麹に60℃の湯を注ぐ
duration	55℃で1日

1. 発酵させた黒麹。甘味はなく、酸味が際立っている。
2. 石垣牛のレバー、ハチノス、センマイ、アカセンをマデラ酒とチキンブイヨンでよく煮込んだラグーは、仕上げにひしおを加えることでコクが増す。

発酵のディテール

甘酒の要領で黒麹を発酵させる。日本酒などを作る黄麹とは異なり、黒麹はクエン酸を大量に生成し、甘味がまったくなく、強い酸味を持つ。クエン酸でpHが酸性になるため、高温多湿な沖縄でも安全に泡盛を発酵できる。酸味だけでなく、深いコクがあるのも魅力で、黄麹とはまったく別の食材として捉えたほうが料理への活用の幅が広がる。

◀ 作り方は134ページへ

料理のアウトライン

石垣島で開催された料理フェアの参加をきっかけに、現地の豊かな食文化に感銘を受けたという下野シェフ。この料理も、石垣島での黒麹との出会いがきっかけで生まれた。

黒麹は、泡盛を作るさいに使われる麹菌で、一般的な黄麹とは異なる強い酸味が持ち味。この黒麹を発酵させてピュレにし、ソースとして利用する。

合わせたのは、同じく石垣島の特産である石垣牛。低温でジューシーに火入れしたランプ肉で、内臓のラグーとスイートセロリを巻き込む。マデラソースで煮込んだラグーの甘じょっぱさに、鋭い酸味のソースがアクセントになる。内臓のラグーは、塩のかわりにひしおで味を調え、発酵のうま味をプラス。ソースとの一体感を高めた。

にんじんと米麹のフローズンエア 金柑のクーリー

ザ・プリンス パークタワー東京　レストラン ブリーズヴェール
桂　有紀乃

FERMENTATION

ingredients	にんじん
process	1.にんじん汁と水を合わせて50℃に温める 2.米麹に加えて混ぜ合わせる
duration	50～58℃で10時間

1. 米麹を加えて発酵させたにんじん甘酒。米麹ごとピュレにし、麹に含まれる栄養素も余さず料理に使う。
2. 泡立てたにんじん甘酒をすくって型に入れ、ショックフリーザーで瞬間冷凍する。

発酵のディテール

麹菌が生成する酵素の働きで、タンパク質はアミノ酸に、炭水化物は糖に分解される。にんじんには両方が含まれ、発酵で甘酒のような効果が得られる。一般的な甘酒に比べて甘さ控えめになっているのは、にんじんのほうが炭水化物の量が少ないからだと考えられる。

ジューサーで絞ったにんじん汁は、水分と固形物が分離しやすいので、桂さんはこまめに混ぜて濃度を一定に保ち、スムーズな発酵を促している。

◀ 作り方は135ページへ

料理のアウトライン

生のにんじんはアクが強く、にんじんジュースにする場合でもりんごやレモンで味を薄めなければ飲みづらい。えぐみを加熱で飛ばしたり、味を薄めてごまかすのではなく、アク自体をおいしさに変化させたい。ひらめいたのが、アルカリ性のアクに耐性を持つ麹菌だった。

甘酒と同じ製法で、米のかわりににんじんを発酵させてみると、さらりとした甘味のなかににんじん特有のえぐみが加わり、味わいのアクセントとしてアクが効果的に働いている。

このにんじん甘酒を泡状にして瞬間冷凍し、泡シャーベットを作ってみた。口に入れると儚く消え、風味の余韻だけが残る。ほんのり苦味をきかせた金柑ソースと組み合わせれば、さらに後味がすっきりし、口直しのグラニテとして活躍する。

アボカドよう パンデピス オリーブオイルとカカオのグラサージュ

ザ・プリンス パークタワー東京　レストラン ブリーズヴェール
桂　有紀乃

1 | 2
3

1. 発芽玄米麹は麹菌のえさになるタンパク質が豊富。菌の活性化を狙って使用している。
2. パイナップルに1日漬け、表面のタンパク質を分解させる。変色せず、鮮やかな色を保つ。
3. もろみにつけて2週間後のアボカドよう。これぐらい経つとアルコール分が飛び、まろやかな風味になる。アボカドようには4%程度のアルコール分が含まれる。

FERMENTATION

ingredients	アボカド
process	1. 発芽玄米麹と泡盛を混ぜ合わせてもろみを作る
	2. すりおろしたパイナップルに、塩もみしたアボカドを漬ける
	3. 麹と泡盛でアボカドを漬ける
duration	常温で、すりおろしたパイナップルに漬けて1日 もろみに漬けて10〜14日

料理のアウトライン

栄養豊富なアボカドがもし古来から日本にあったら、日本人はどんな知恵でアボカドを保存食として活用しただろう。

桂さんがその空想を実現し、新しいアボカド発酵食品を生み出した。果物でありながら、タンパク質と脂質が豊富なアボカドなら、豆腐と同じ手法が有効なはず。着目したのは、沖縄独自の発酵食品「豆腐よう」。陰干しした豆腐を麹と泡盛で作ったもろみに漬け込んで発酵、熟成させたもので、ソフトチーズのようにねっとりなめらかな食感と、濃厚でクリーミーな風味が身上だ。

この豆腐ようの手法を調理場で行えるようにアレンジし、アボカドを発酵させてみた。とろけるような食感、泡盛の豊かな香りとほのかなアルコール分、発酵によるうま味が凝縮した新感覚の「アボカドよう」が完成した。

アボカドようは、そのまま食べても酒肴として十分においしくいただける。ここでは、濃厚なアボカドと好相性のチョコレートを合わせ、ボンボンショコラ風に。ラム酒と楽しめるミニャルディーズだ。

◀ 作り方は136ページへ

発酵のディテール

豆腐ようは、高濃度のアルコールで雑菌の繁殖を防ぎながら、麹菌の酵素によってタンパク質と脂質を分解させて食感と味わいを変化させる。このとき重要なのが、漬け込む前に豆腐を乾燥させて豆腐の表面にカビづけすること。カビが表面のタンパク質を分解し、もろみを浸透、発酵させやすくする効果があるという。だが、カビづけ工程を調理場で再現するのは難しい。そこを桂さんは、パイナップルが持つタンパク質分解酵素で難問を突破。もろみに漬ける前に、おろしたパイナップルにアボカドを漬け込み、カビづけと同様にアボカドの表面を分解させている。

豆腐ようの場合は、紅麹を用いて発酵させ、鮮やかなピンク色に染めることが多いが、アボカドの美しい色合いを生かしたいので、発芽玄米麹を用いた。

ラングスティーヌ ココナッツのラビオリ
アボカドようバター 甲殻類のコンソメ

ザ・プリンス パークタワー東京　レストラン ブリーズヴェール
桂　有紀乃

アボカドようとバターを3：1の割合で
混ぜ合わせたアボカドようバター。

◀ 作り方は137ページへ

料理のアウトライン

発酵食品はそのまま食べるだけでなく、その奥深い味わいを生かし、調味料としても活躍するのが魅力。アボカドようの使い道を開拓すべく、今度は調味料として料理に組み込んでみた。

アボカドようにバターを混ぜてブール・コンポゼを作り、これで甲殻類のコンソメをモンテする。発酵によってアボカドの脂質はかなり分解されており、バターだけでモンテするよりもさっぱりし、甲殻類と発酵のうま味がかけ合わさって、相乗効果でおいしさが劇的に増す。

ココナッツオイルで作った生地で、ミキュイに火入れしたラングスティーヌを包み、コンソメソースをかければ、濃厚な甲殻類の中にどこかエキゾチックな香りが漂う。

まわりにはコライユを乾燥させたパウダーを散らし、さらにうま味を補強。

SECTION 4

発酵で作る デザート

デザートの発酵がほかと大きく異なるのは、塩を使いづらい点だろう。かわりに活躍するのが、砂糖。塩と同じく液体内の浸透圧を変える働きがあり、雑菌の繁殖を防いでくれる。糖度が高いと乳酸菌よりも酵母のほうが活発に活動しやすく、アルコール発酵が進むため、塩を使った発酵とは異なる風味になる。

また、麹菌も甘味作りに一役買う。麹菌が作り出すブドウ糖は、一般的な砂糖（ショ糖）とはまた違う余韻の残る甘さが魅力だ。本書でも２人のシェフが、麹菌を使ったデザートにチャレンジしている。

いちご

バラ

紅茶キノコ

黒米麹

ジャージー牛乳

生クリーム

白米

カビ菌に見立てて

Restaurant Air　山本 英男

3週間経った発酵バラジャム。バラは、ダマスクやミルラなど、香り成分が強い品種を使う。香りの弱いものだと、発酵香にバラの香りが負けてしまう。

FERMENTATION

ingredients	バラ
process	和三盆と蜂蜜をバラにもみ込み、いちごと一緒に漬ける
duration	26℃で2〜3週間

乾燥させたバラ茶。こちらも香り成分が強い品種でないとよい香りには仕上がらない。

FERMENTATION

ingredients	バラ
process	1. バラの花を揉捻《じゅうねん》し、湿度を上げた保温器に入れる
	2. 完全に乾燥させる
duration	28℃で4〜6時間

発酵のディテール

デザート用の発酵では、塩のかわりに砂糖を加えて浸透圧を上げ、雑菌の繁殖を防ぐ。ここでは風味づけに和三盆と蜂蜜を使用。バラだけでは水分が足りないため、いちごを加えて水分を補い、発酵を促す。バラ科同士で相性がよいのはもちろん、いちごのフルーティーさが加わり、バラの芳香がやさしく、使いやすい風味に落ち着いてくる。

バラ茶のほうは、紅茶の製法で「揉捻」と呼ばれるもみ込み作業が発酵の鍵。もみ込んで茶葉の細胞を壊し、成分を外に出して空気に触れさせることで、カテキン（ポリフェノールの一種）やクロロフィルなどが「酸化発酵」を起こし、紅茶ならではの味わいが生まれる。

バラの花びらにも特有のポリフェノールが含まれており、同様の手法で酸化発酵が起こると考えられる。発酵が進みすぎてせっかくのアロマが台無しにならないよう、発酵後は100℃で酵素の働きを止めてから乾燥させる。

きゅうり、ライム、レモングラス、レモンバーム、アップルミントを漬けたフレーバーウォーター。

◀ 作り方は139ページへ

料理のアウトライン

発酵中の発泡やふわふわとしたカビをイメージした「発酵仕立て」のデザート。発酵させたバラジャムを詰めたフォワグラのテリーヌ、レモンバームなど数種類のハーブときゅうりを合わせて香りを移したフレーバーウォーターの泡、杏仁アロマのパウダーと、豊かな芳香のパーツを組み合わせ、香りのマリアージュを味わってもらう。

ペアリングには、紅茶の製法で花びらを発酵させたバラ茶を添えた。バラ茶は香りが強く、本来は単体で楽しむものだが、発酵させれば香りがぐっとマイルドになり、料理にも調和する。

発酵バラジャムを詰めた球体のフォワグラテリーヌ。表面には杏仁霜(きょうにんそう)を加えて作ったメレンゲのパウダーをまぶし、カビをイメージ。

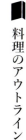

自家製ヨーグルトムースとすぐりのソース

aeg　辻村 直子

1
2

1. 粘りの強いヨーグルト。デンマークから持ち帰った元種を２年以上継ぎ足しながら作り続けている。
2. ヨーグルトは液体窒素でシャーベットに。泡立て器で細かく砕く。

FERMENTATION

ingredients	ジャージー牛乳
process	牛乳に対し、 10％量のヨーグルトを混ぜる
duration	室温で約12時間以上

発酵のディテール

すりおろした長芋を思わせる強い粘り、青カビチーズのような熟成された豊かな香り、濃厚なうま味。それらを合わせ持ちながら、爽やかな酸味があり、後口はさっぱり。辻村シェフが作るヨーグルトの個性はすさまじい。

その秘密は牛乳と菌種。岡山県の「吉田牧場」で採れたジャージー種の低温殺菌牛乳を、デンマークのパン屋から持ち帰ったという元種で発酵させている。製法自体は、家庭で行うものと大差ないのに、素材を変えるだけで味はここまで変化する。発酵の奥深さを改めて実感させられるヨーグルトだ。

◀ 作り方は138ページへ

料理のアウトライン

自家製のヨーグルトと、発酵させていないフレッシュのジャージー牛乳をそれぞれアイスクリームに仕立て、国産の赤すぐりを使った甘酸っぱいソースをかけた。

2種のアイスクリームは液体窒素で凍らせて細かく粉砕。混ぜ合わせることで一匙で両方を同時に味わえる。ヨーグルトのアイスクリームは、エスプーマを使ってムース状にし、牛乳のアイスクリームと口溶けに時間差を作った。発酵が生み出すおいしさから、素材そのものが持つおいしさへ、口の中で味が徐々に変化していくのが面白い。

黒米塩麹アイス

à nu, retrouvez-vous　**下野 昌平**

FERMENTATION

ingredients	黒米麹
process	60℃の湯と塩を加えて 保温器に入れる
duration	55℃で4日

奥が乾燥した黒米麹、手前が発酵後。温度管理が重要で、必ず保温庫を使って仕込む。

料理のアウトライン

一見チョコアイスのようだが、食べると甘酒の香りとやさしい甘味が口中に広がる。見た目と味のギャップを狙ったアイスクリームである。色の正体は黒米と黒米麹。黒米麹は塩と一緒に発酵させて、塩甘酒にし、蒸した黒米、豆乳、牛乳で伸ばしてアイスクリームにする。米麹の甘味とコクにほどよい塩味が加わり、キレのよい味わいだ。ココナッツピュレと餅粉で作ったココナッツチュイルを飾り、タイのスイーツを思わせるオリエンタルな一皿に仕上げた。

発酵のディテール

甘酒は米麹と水だけで作るタイプと、炊いた米を加えるタイプがあるが、下野シェフは米麹と水だけのタイプを選択。こちらのほうが出来上がり量が少ないが、味が凝縮し、濃厚で甘味が強い。米入りで甘酒を作るよりも、アイスクリームを作るときに蒸した米を加えて濃度を調節したほうが、味をコントロールしやすい。

◀ 作り方は140ページへ

冷製クレープシュゼット

Restaurant Air　山本 英男

FERMENTATION

ingredients	生クリーム
process	1. ヨーグルトを加え、保温器に入れる
	2. 氷に当てながら撹拌し、固形分と水分に分離させる
duration	36℃で10時間 冷蔵庫で1日

1 / 2 / 3

1. 撹拌して分離したらザルで漉し、固形分と液体とに分ける。液体（バターミルク）のほうにも発酵によって得られたコクがしっかり残っている。
2. キッチンペーパーで包み、一晩寝かせて完全に水気を抜いたら完成。
3. 発酵バターを澄まして作ったギー。不純物が取り除かれ、洗練された味に。加熱によって香ばしさも多少つく。

発酵のディテール

ヨーグルトを元種に生クリームを乳酸発酵させ、濃厚な風味とコクを深める。もちろん市販にも質の高い発酵バターは多くあるが、自家製なら風味を自在にコントロールができるうえ、副産物のバターミルクが得られるのが嬉しい。

◀ 作り方は141ページへ

料理のアウトライン

手作りの発酵バターをすべてのパーツに使った、発酵バターのおいしさを存分に味わえる一皿。主役のクレープは粉と同量のバターをたっぷり使って香りを効かせ、細切りしてオレンジソースとオレンジコンフィで和えてある。同じくたっぷりのバターを混ぜ合わせたオレンジクリーム、バター作りの過程でできるバターミルクを使ったバタースコッチアイスを盛り合わせ、副産物まで余さず使い切った。

仕上げには、発酵バターを澄ました純粋な乳脂肪「ギー」をマルトセックでパウダーにしてふりかけた。ギーの洗練された香りとコクが、バターの風味をいっそう高める。

米の力

Restaurant Air　山本 英男

1. 白米、黒米のほか、赤米、玄米でも米麹を製作。赤米も玄米も、黒米同様柔らかめに蒸すほうがうまくいくそうだ。
2. 乳酸発酵したもち米。炭酸ガスが発生し、表面に気泡が浮いているのが分かる。
3. 乳酸発酵させたもち米に米麹を加え、60℃で6時間発酵させて甘酒に。糖度が非常に高く、牛乳と混ぜ合わせて固めるだけで、十分なめらかなアイスクリームになる。

FERMENTATION

ingredients	黒米、白米
process	1. 蒸し器で蒸し、36～40℃にさます 2. 麹菌をふりかけてさらしに包み、保温器に入れる
duration	36℃で4～6時間

FERMENTATION

ingredients	もち米
process	水に浸して保温器に入れる
duration	30℃で24～30時間

発酵のディテール

米麹は、「浅く広く」つく菌。米を柔らかく炊いて粒同士がくっついてしまうと、表面積が少なく、菌がつきづらい。固めに蒸してバットに広げてから麹菌をふりかけ、表面積を広く取ることで、菌のつきがよくなる。黒米は白米に比べて外皮が固く、菌がつきづらいので、柔らかめに蒸す。

発酵が進むと米の温度が上がってくるが、40℃を超えると麹菌が死滅するので、発酵中はときおり混ぜて熱を逃がしてやる。

◀ 作り方は142ページへ

料理のアウトライン

材料は米、塩、牛乳のみ。砂糖は一切使わず、発酵で得られる甘味と爽やかな酸味だけで味を作り上げた。決め手となるのが、米麹。米のでんぷんを菌が分解してブドウ糖をたっぷり作り出し、砂糖なしでも驚くほど甘い。山本シェフは米麹から手作りし、白米だけでなく、黒米麹も作ってみた。甘味の強い白米の米麹は、牛乳と一緒に煮てリ・オ・レに。さらに、米麹ともち米を発酵させ、甘酒を作ってアイスクリームも仕立てる。このとき使うもち米は、あらかじめ乳酸発酵させておいたもの。甘酒特有の濃厚な甘味に、乳酸発酵の爽やかな酸味がプラスされ、爽やかな後口になる。

甘さ控えめの黒米麹は、煮込んだあと薄く伸ばし、乾燥させてチップスに。香ばしく、噛み締めるとうま味がじんわり滲み出てくる。

黒米麹チップスの下には甘酒アイスクリームとリ・オ・レが隠れている。

発酵いちごと酒粕、紅茶キノコ

Cofuku　赤木 渉

発酵３日目のいちご。１週間ほどでガスが発生し、袋がぱんぱんにふくらんでくる。飾り用とソルベ用は砂糖の配合が異なるので、別で仕込む。

FERMENTATION

ingredients	いちご
process	40％の砂糖と一緒に真空にかける
duration	常温で１週間

FERMENTATION

ingredients	レモンタイムハーブティー
process	砂糖入りハーブティーに紅茶キノコの液体とスコビー（菌塊）を入れる
duration	28〜32℃で5〜7日

料理のアウトライン

砂糖と一緒に発酵させたいちごをミキサーにかけると、鮮やかな色とみずみずしさは保ちながら、酒粕を思わせるほのかな発酵香を持った不思議な味わいのピュレができる。そのピュレをソルベにし、共通の香りを持った酒粕のパルフェと、ホワイトチョコレートのムースを乾燥させたパウダーを盛り合わせた。いちごとホワイトチョコレートの定番の組み合わせに、発酵香と酒粕のくせが加わり、奥深い大人の味わいだ。

仕上げに紅茶キノコをソースがわりに添えた。この紅茶キノコはレモンタイムのハーブティーで作られており、紅茶キノコならではの甘酸っぱさとハーブの爽やかな香りが共存している。

発酵のディテール

いちごの発酵は、修業先であるコペンハーゲンの「カドー」で学んだ手法をいちごに応用したもの。液体の糖度を上げて雑菌の繁殖を防ぎながら、アルコール発酵を起こさせ、複雑な香りをつける。ソルベを作る場合は40％のグラニュー糖では甘すぎる。そこで、グラニュー糖を減らし、かわりにトレハロースとトレモリン（添加糖）を加え、糖度は維持したまま甘味を調節している。

◀ 作り方は143ページへ

発酵のディテール

紅茶キノコは、70年代中盤に健康食品として日本で一斉を風靡した飲料。90年代後半からアメリカでも「コンブチャ」という名で流行し、日本には逆輸入される形で再び広まりつつある。

砂糖を入れた紅茶や緑茶に「スコビー（ＳＣＯＢＹ）」と呼ばれる丸い菌塊を加え、発酵させることで紅茶が酸味あるおいしい液体に変わる。この菌塊は酵母や酢酸菌、乳酸菌などの群落といわれ、環境によってその種類は変わるという。

赤木シェフは茶葉のかわりにレモンタイムのハーブティーで作り、ハーブの香りを生かす。発酵が進むと酸味が強くなり、発泡性も帯びてくる。ソースとしてそのまま使用するため、発酵させすぎず、甘酸っぱい程度でとどめておく。

液体の中に浮かんでいる白い塊がスコビー。赤木シェフは他のハーブティーやジャスミン茶でも作っているそう。

調理場での実験に役立つ 発酵Q&A

Q どんな容器を使えばいいですか?

A

ガラス製、陶器、木製、食品用のプラスチック容器など、特に決まりはないが、金属は酸や塩分に長時間さらすと腐食する危険があるので避けたほうがよい。腐食に強いといわれるステンレスも、表面のコーティングに傷がつくとそこから腐食する可能性がある。また、プラスチックは経年劣化などで、化学物質がしみ出す可能性が指摘されているのも留意しておこう。

多くの乳酸菌や酵母発酵の場合は、空気がない状態のほうが発酵に適しているので、密封できるものを使う。

紅茶キノコや酢のように、酸素がある状態で活発に働く菌の場合は、密封せず、さらしなどでふたをしてほこりを防ぎ、通気性を持たせる。空気に触れる表面積が大きいほうが菌が活発化するので、口が広い容器が便利。

Q 真空袋と密封瓶の違いはなんですか?

A

乳酸発酵や酵母発酵の場合、真空袋なら空気を完全に遮断でき、酸素が好きな雑菌の繁殖を防げて便利。また、少量の液体でも全体に水分を行き渡らせることができる。発酵が進んで酵母や乳酸菌が二酸化炭素を出すと袋がふくらむので、発酵状態を見極めやすいメリットもある。

密封瓶を使うときは、微生物が出したガスが瓶内に充満しすぎると破損の危険性があるので、定期的にふたを開けてガス抜きすること。

Q 容器の殺菌は必要ですか?

A

雑多な微生物の混入を完全に制御するのは難しいが、容器や素材に触れるものをあらかじめ煮沸殺菌しておくと、余計な雑菌が繁殖するリスクを下げられる。味噌用の木樽などは、容器に棲みついた発酵菌がよい風味をつけるので、せっかくの菌を殺さないためにも殺菌は行わない。

Q 水道水を使っていいですか?

A

水道水には殺菌のために塩素が含まれている。塩素は発酵菌の生育も妨げる可能性があるので、浄水や沸騰させて塩素を取り除いてから使う。また、アルカリ性の水も発酵には不向き。

調理場での実験に役立つ

発酵Q&A

Q なぜ塩を加えるのですか?

A

塩を加えると、多くの微生物は浸透圧の変化で細胞が壊れて死んでしまう。麹菌や酵母、乳酸菌の一部などは例外的に高濃度の環境下でも活動できるので、雑菌の侵入を防ぎながら、発酵を進められる。砂糖漬けも同じ原理。酢漬けはｐＨを酸性にすることで、雑菌の侵入を防いでいる。

また、塩には食材がもつ消化酵素の働きを抑えて、食感を保つ効果もある。

Q 塩をもみ込む方法と塩水に漬ける方法の違いはなんですか?

A

野菜や果物の発酵では、雑菌やカビが食材につかないように、全体を完全に液体に漬ける必要がある。水分が多い食材なら、塩をもみ込んで浸透圧で水分を引き出すと、食材自身がもつ水分だけで浸すことができる。水分が少ない食材は、食材の水分だけでは全体を浸せないので、塩水を使う。

Q 塩分濃度の決め方は?

A

塩は雑菌の侵入を防ぐだけでなく、発酵や酵素の活動を遅らせる働きもある。塩分濃度が高いほど、発酵スピードが遅く、長期保存ができる。夏場は塩分を多め、冬場は少なめにするなど、温度に合わせて塩分濃度を調節すれば、発酵スピードをコントロールできる。

野菜や果物を乳酸発酵させる場合、塩をもみ込む方法なら1・5〜2％、塩水に漬ける方法なら5％塩水が一般的に推奨されている。シェフたちは塩分濃度低めで発酵させていることが多いが、そのぶん発酵期間を短くしたり、真空袋を使って雑菌の繁殖を防ぐなどで調節している。

Q 毎日かき混ぜたほうがいいですか?

A

麹菌など、酸素がある状態で活発に働く菌は、定期的にかき混ぜて空気に触れさせるとよい。逆に、乳酸菌の多くは酸素がないほうが働きやすいので、混ぜる必要はない。ただ、密封瓶を使う場合は、表面にカビが生えることがある。かき混ぜて表面を乱すとカビは生育できないので、乳酸発酵などの場合も、定期的にかき混ぜるとよい。

糠床や味噌漬けは、麹菌以外にも乳酸菌や酵母が複合的に働いており、これらの菌のバランスによって味わいが変わる。混ぜる頻度で菌のバランスも変わってくるので、混ぜ方を工夫してみると面白い。

Q 複数の発酵を同時に同じ場所で行うと失敗しますか？

A

発酵菌の相互干渉について心配する人が多いが、そもそも乳酸菌や酢酸菌は空気中にたくさん漂っているものなので、そこまで神経質になる必要はないだろう。それよりも、仕込むときの容器や手を清潔に保つことのほうがよっぽど重要である。

Q 発酵に適した場所や温度は？

A

発酵菌は日光が苦手なものが多く、暗い場所がよい。適温は種類ごとに異なるが、多くの発酵菌は25〜40℃程度で活発になるので、室温〜やや高い温度の場所に置いておけばよい。寒い時期は発酵が進みづらく、発酵器やディッシュウォーマーなどを使って温度を一定に保つと、スムーズに発酵を進められる。

Q 適温以外で発酵させるとどうなりますか？

A

多くの発酵菌は10℃以下の温度が低い環境では活動が抑えられ、50℃前後で死滅してしまう。低温にした場合は活動が抑えられるだけで菌は生きているので、室温においておくと再び活動を活発化させる。冷蔵庫と室温をうまく使い分ければ、発酵のコントロールに役立つはずだ。

Q 甘酒は高温なのに、なぜ発酵するのですか？

A

甘酒作りでは、55〜60℃で保温し、甘味を引き出す。この温度帯では、麹菌はとっくに死滅している。ところが、麹菌が作り出した酵素（アミラーゼ）は残っており、酵素は50〜60℃で活発に働く。酵素は、でんぷん質をブドウ糖に分解する働きがあり、これが甘味の秘密である。菌は死んでも分解は進むのである。

Q 肉や魚の発酵が難しいといわれるのはなぜですか？

A

野菜や果物は、乳酸菌や酵母のえさになる糖分が多く、これらが勢いよく増殖して、酸やアルコールを作り出すので、雑菌は繁殖しづらい。

一方、タンパク質が主体の肉や魚の場合は、発酵菌がつきづらく、腐敗や食中毒を起こす菌が活動しやすいので注意が必要である。

Q 肉や魚の発酵で気をつけることはなんですか？

A

まずは、高濃度の塩でしっかり浸透圧を上げ、微生物の侵入を防ぐこと。多くの微生物は湿潤な環境を好むので、乾燥によって微生物や酵素の働きを妨げるのも有効。また、燻煙にも抗菌作用がある。

乾燥や燻製、酢漬けなどでpHを酸性にすることを塩蔵と組み合わせれば、腐敗や食中毒のリスクを下げられる。出来上がった発酵食品を加熱すればより安心だ。

8人の料理人と、発酵との付き合い方

辻村直子

Tsujimura Naoko

1964年、山口県出身。デンマーク人の夫とともに95年に六本木にデンマーク料理店「カフェ・デイジー」をオープン。料理のみならず、日本とデンマークとの架け橋的存在として活躍する。2014年にデンマークに渡り、伝統的なパン作りを営む「ケアア・フォ・スメイ」、3つ星「ゼラニウム」で修業を積み、現代の北欧料理のエッセンスを吸収する。帰国後、2016年に「エッグ」をオープン。

自然を最優先した発酵

オーガニック食材では、世界トップレベルの生産量を誇るデンマーク。辻村さんはこの地で暮らすうちに「自然の恵みをできるだけ自然な形でいただく」という意識を強く持つようになり、自然の力で味を変える発酵に大きな魅力を感じた。

デンマークでは、調味料を作る感覚で発酵を行う。そこに、日本人の味噌や醤油の文化との共通項を見出した。「ノルディック・キュイジーヌと和の融合」を自分の料理のコンセプトに据えたさいには、発酵がその大きな担い手となると確信。日本各地をまわっては、伝統的な発酵食を作る現場に通い詰め、技術と同時に、日本の発酵文化を吸収していった。

発酵を行うときにも「自然である」ことを大切にする。温度管理を徹底するやり方ではなく、暖かい季節は発酵菌に思いきり活躍してもらい、寒い時期はゆっくりのんびりでいい。自分が作りたい料理に合わせて食材を発酵させるのではなく、発酵状態に合わせて料理を組み立てる。自然に委ね、ありのままの味を料理に生かしていきたいという。

「いつか広大な自然の中で、専用の発酵小屋を持ったレストランを営みたい」と夢を語る辻村さん。発酵は、自分の料理哲学を表現する有効な手段だ。

エッグ

東京都港区白金台5-3-2
ジェンティール白金台B1F
☎03-6277-1399

Shimono Syohei

1973年、山口県出身。「ヴァンサン」と「ル・ブルギニオン」で約8年勤務したのち、30歳で渡仏し、「トロワグロ」「タイユヴァン」で腕を磨く。「ル・ジュー・ドゥ・ラシエット」の開店にあたって帰国。2009年に独立開店。17年に「ロムデュタンシニエ ア・ニュ」「ア・ニュ香港」を開店。

オーナーシェフ
下野昌平

Ushinohama Shingo

1982年、鹿児島県出身。「ラ・ロシェル」「西洋堂青山」「オーグードゥジュール ヌーヴェルエール」で約7年勤務。2009年 「ア・ニュ ルトゥルヴェ・ヴー」に入社、14年に系列店の「セット・セッテ」のシェフに、17年「ア・ニュ ルトゥルヴェ・ヴー」のシェフに就任。

シェフ
牛之濱 慎悟

麹菌のうま味で作る直感的なおいしさ

はじめて味噌を仕込んだのが4年前。まったく同じ環境で仕込んだにも関わらず、自分と子供が仕込んだものでは出来上がりの味がまったく違うことに驚いた。それ以来、発酵の奥深さに魅せられ、レストランの料理にも取り入れはじめた。

発酵の強みはなんといってもうま味だ。フランス料理に足りないうま味を補い、隙のない味作りを可能にしてくれる。中でも特に注目するのが麹菌。慣れ親しんだ麹のうま味をプラスすれば、日本人は直感的においしいと感じられるという確信があった。

一方で、慣れ親しんでいるからこその難しさもある。麹菌は個性が強く、一歩間違えれば皿全体が麹の味に支配され、フランス料理として成立しなくなってしまう。下野さんが麹を使うさいは、必ず香りの強い食材と組み合わせ、主張させすぎないように心がけている。うま味は引き出しながら、個性は出しすぎない。麹で料理するには、絶妙なバランス感覚が求められるのだ。

ア・ニュ ルトゥルヴェ・ヴー

東京都渋谷区広尾5-19-4
SR広尾ビル1F ☎03-5422-8851

髙橋雄二郎

Takahashi Yujiro

1977年、福岡県出身。表参道「ビストロ・ダルブル」で谷口哲也氏に師事。26歳で渡仏し、「ルドワイヤン」「ビストロ・ラミジャン」などで3年間研鑽を積む。ブーランジュリー「メゾンカイザー」、パティスリー「パンドシュクル」でも研修を重ね、幅広い技術を学ぶ。帰国後、「 オーグードゥジュール ヌーヴェルエール」のスーシェフ、「ル・ジュー・ドゥ・ラシエット」のシェフとして腕をふるう。2015年独立開店。

元の食材とは切り離して考える

発酵で得られるうま味は、一皿にほんの少し加えるだけで、コース全体にメリハリがつけられる。それだけの強い力を持った発酵には大きな魅力を感じる。だが、発酵文化が深く根を下ろしている日本には、完成度の高い発酵食品がごまんとある。その中で「なぜ発酵食品を使わず、わざわざ自分で発酵させるのか」「自分で発酵させなければ作れない味とはなんなのか」。その意義を追求して料理に取り入れるのは案外難しい。

新しい料理を作るときには、どうしてもテーマやストーリーから考えてしまいがちだが、その思考からは抜け出したいという髙橋さん。そのためには、発酵させた食材を元の食材をあえて関連づけず、まったく別の食材と捉え直して、その個性を多角的に考察することが大切なのだという。

コンセプトを先行させず、純粋に味の相性だけを追いかける姿勢が、髙橋さんに発酵の斬新な使い道を開拓させている。

ル・スプートニク

東京都港区六本木7-9-9
☎03-6434-7080

赤木 渉

Akagi Wataru

1978年、長野県出身。南青山「アディング・ブルー」、マンダリン オリエンタル東京内「タパス モラキュラー バー」で骨太なフランス料理とモダンスパニッシュの分子ガストロノミーを学ぶ。都内数軒のレストランで約10年修業後、渡欧。フランス 「ル・プティ・ニース」、ノルウェー「マーエモ」、デンマーク 「アマス」「カドー」「AOC」で研鑽を積む。2017年「コフク」のシェフに就任。

複数の発酵を一皿に盛り込む

「創造力を味わう料理」を志向する赤木さん。モダンスパニッシュ、ニュー・ノルディック・キュイジーヌなど、修業時代に取り込んだ技術や考え方からエッセンスを少しずつ抽出し、自分らしい料理に編み直している。

発酵は北欧の修業時代に身につけたテクニック。これを、料理に複雑な香りをつけたいときに活用する。淡く発酵させた食材同士を組み合わせると、食べても発酵らしさは感じないが、ほのかな発酵の香りによって共通項が生まれ、皿全体が調和してくる。今回紹介した6皿はすべて、発酵の要素を2つ以上含んだ料理ばかり。斬新な組み合わせでも、共通の発酵香をまとわせることで相性が高まり、逆に定番の組み合わせでも、食材を発酵させてから使うだけで香りが複雑化し、奥行きある味に変化する。

発酵はとにかく時間がかかる調理法だ。だからこそ、料理に手間ひまをかけられるレストランでしか味わえないおいしさを提供できる。コンブチャのように継ぎ足しながら少しずつ味を深めていける発酵食材は、育てたものを使う喜びがあり、自分自身のモチベーションにもつながっている。

コフク

東京都港区新橋5-7-7
ロイジェント新橋B1F
☎03-3578-8831

山本英男

Yamamoto Hideo

1980年東京都出身。22歳で松濤「シェ・松尾 青山サロン」でキャリアをスタート。都内と神奈川県内のレストラン数軒で修業を積んだのち、28歳で恵比寿「ビストロ間」の立ち上げに参加し、オープン2年目でシェフに就任する。2015年、「レストラン エール」のオープンにさいし、シェフに就任。

データを蓄積し、安定化を図る

昔から親しまれている発酵食品からヒントを得ながら、新たな食材の発酵に果敢に取り組む山本さんは、発酵そのものの難しさに頭を悩ませる。

「客席の多いレストランで供するには、安定したクオリティーが求められます。ところが発酵では、理論は正しいはずなのに、ほんのわずかな違いですべてが台無しになってしまう。テンペ菌の発酵では、鍋底に張りついた豆を取ろうと、ほんの少量水を入れただけで発酵が進まなくなりました。米麹作りでも、米の種類を変えると同じ配合や蒸し加減ではうまくいかず、何度も試行錯誤を繰り返しました」

資料は当然なく、専門家に問い合わせても、前例がないため明確な回答は得られない。予測を立てては、温度や配合を少しずつ変えてデータを記録する日々。自分でガイドラインを作る難しさを改めて実感している。

だが、その先に待つ未知なる味には心がわき立つ。

「自分で作った新しい味を、自由に料理できるなんて最高の贅沢。発酵には、もとの食材からは想像もできない味を生み出す力があります。苦労するだけの価値は十分すぎるほどありますよ」

レストラン エール

東京都中央区銀座5-7-10
EIXT MELSA 8F
☎03-6264-5900

加藤順一

Kato Junichi

1982年、静岡県出身。辻調理師専門学校を卒業後、「タテル・ヨシノ 芝パークホテル」「オテル・ド・ヨシノ」にて吉野健氏に師事。2009年に渡仏し、パリ「アストランス」で修業を積んだ後、デンマークへ。2つ星「レストランAOC」「マーシャル」で北欧料理の洗練されたスタイルに魅せられる。16年「スブリム」のシェフに就任。

伝統的な技術で新しい味を生み出す

伝統的な地元の食材だけを使った究極の地産地消が、ニュー・ノルディック・キュイジーヌが掲げたマニフェスト。その中心で修業を積んできた加藤さんは、食材だけでなく、伝統的な技術に注目する。

「発酵菌は土地によって種類が大きく異なります。私が発酵技術に触れたのはデンマークですが、日本で発酵を行うなら、日本で培われてきた独自の発酵技術を取り入れたほうが、風土に適した味作りができると考えたのです。とはいえ、伝統的な発酵をただ模倣するだけでは、枠からは抜け出せません」

そこで試みたのが、日本ではあまりなじみのなかった新しい食材を、日本の技術で発酵させる方法だった。2つの新しい出会いが化学反応を起こし、未知なる味を生み出すことを期待する。

「デンマークで学んだのは、野菜を塩水に漬けたり、果物を砂糖に漬けるようなシンプルな発酵がほとんどでした。今回紹介したゆべしは、祖母が手作りしていたほど身近な家庭料理でしたが、工程はほかでは見たことがない独特な手法です。日本には、複雑で個性的な発酵方法がほかにも数多くあります。いまはそれらを色んな食材に応用し、新しい味を探すのが楽しいですね」

スブリム

東京都港区東麻布3-3-9
アネックス麻布十番1F
☎03-5570-9888

桂 有紀乃

Katsura Yukino

1984年、埼玉県出身。香川調理製菓専門学校を卒業後、2005年にザ・プリンス パークタワー東京に入社、07年に「レストラン ブリーズヴェール」に配属される。2014年にニューヨークの「ブーレイ」にて研修を受けて以来、ブーレイ氏とは親交が厚い。2016年の「RED U-35」にて岸朝子賞を受賞するほか、数々の料理コンクールで入賞。

発酵で身体の機能を活性化

桂さんは「身体に負担をかけない料理」を永遠のテーマに掲げる。いわゆる「軽い料理」ではない。十分な満足感があるのに、食後はすぐにこなれて身体が食べ疲れないこと。ニューヨークのスターシェフ、デービッド・ブーレイ氏から受け継いだ教えだ。

鮮度が落ちた食材は酵素が失われていて消化に時間がかかり、農薬や添加物の代謝にも身体はエネルギーを使う。オーガニック食材を使うだけでなく、食材管理にも細心の注意を払う。ブーレイ氏は、酸化を防ぐために油は火のそばには絶対に置かず、客に供する直前にしかフライパンにのせないという徹底ぶりだった。

ブーレイ氏から学んだ中でも「料理で身体の機能を活性化させる」という考え方は、桂さんがもっとも強く意識していることだ。たとえばデザートの前にヨーグルトを使った料理を供するなど、消化の促進を図っている。

発酵させた食材には、消化を助ける乳酸菌や酵素が豊富に含まれる。そのうえ、うま味や甘味が増し、複雑な風味もあるので、余計な味つけなしでおいしい料理が作れる。添加物を減らせれば、身体への負担はいっそう軽減できる。桂さんにとって発酵は、「身体が喜ぶ最適な調理法」なのだ。

ザ・プリンス パークタワー東京
レストラン ブリーズヴェール

東京都港区芝公園4-8-1
☎03-5400-1154（直通）

Recipe

カラーページで紹介した
料理の作り方

ニシンと発酵じゃがいものパンケーキ

Cofuku　赤木 渉

カラー写真は12ページ

材料（18人前）

生数の子	適宜
塩	適宜
ニシンのピクルス	
ニシン	3尾
塩	適宜
米酢、昆布、タイム	適宜
発酵じゃがいものパンケーキ	
発酵じゃがいも	165g
薄力粉	16g
そば粉	22g
溶かし無塩バター	15g
塩	適宜
ナタネ油	適宜
フロマージュ・ブラン	適宜
そば芽	適宜

作り方

数の子を塩漬けする

❶ 数の子を洗い、全体がかぶるまで塩をまぶし、冷蔵庫で2日間塩漬けする。
❷ 流水にさらし、中心部がややしょっぱく感じる程度に塩抜きする。
❸ 水分を拭き取り、ラップをして冷蔵庫で1〜2日寝かせる。

ニシンのピクルスを作る

❶ ニシンを3枚におろし、塩をきつめにふって1時間半〜2時間マリネする。
❷ 洗い流して水分を拭き取り、全体がつかるまで米酢を注ぐ。昆布少々とタイム少々を入れ、30分マリネする。
❸ 取り出して水分を拭き取り、ラップをして冷蔵庫で半日〜1日寝かせる。

発酵じゃがいものパンケーキを焼く

❶ 発酵じゃがいもをスチームコンベクションで柔らかくなるまで蒸し、裏漉す。
❷ じゃがいもが温かいうちにナタネ油以外の材料を混ぜ合わせる。グルテンが出ないようにさっくり合わせる。
❸ 5〜6gずつ丸め、直径8cmの丸形に切ったクッキングシート2枚で挟み、4mm厚に伸ばす。
❹ ナタネ油を敷いたフライパンで、軽く色づくまで両面を焼く。

盛りつける

❶ 発酵じゃがいものパンケーキにフロマージュブランを薄く塗る。
❷ 5mm厚さに切ったニシンのピクルスを断面を上にして2片ずつのせる。
❸ 1cm角に切った数の子を1片のせ、そば芽を飾る。1人前2個ずつ供する。

発酵じゃがいも

材料
じゃがいも（メークイン）
5％塩水

作り方
❶ じゃがいもの皮をむき、全体に行き渡る程度の塩水と一緒に真空にかける。
❷ 常温（25〜30℃）で2週間発酵させる。
❸ 端を軽くスライスして味見し、酸味がしっかり出ていれば完成。使うときは、塩分をよく拭き取る。

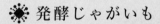

かぶらの三姉妹

ザ・プリンス パークタワー東京　レストラン ブリーズヴェール　**桂 有紀乃**

カラー写真は14ページ

材料（15人前）

かぶのジェラート —ナチュラル—

かぶ……550g
無塩バター……50g
フルール・ド・セル……3g
牛乳……320g
32％生クリーム……180g
プロエスプーマ・コールド……12g
塩……適宜
白こしょう……適宜

かぶのソルベ —植物性乳酸菌—

かぶ……350g
粉糖……5g
すんきの漬け汁……180mℓ
転化糖……4g
無調整豆乳……100mℓ

赤かぶのソルベ —酢酸菌—

赤かぶ……400g
白バルサミコ酢……50mℓ
レモン汁……5g
塩……2g
プロエスプーマ・コールド……12g

＊プロエスプーマは、SOSA社（スペイン）製のエスプーマ用増粘剤。

作り方

かぶのジェラート・ナチュラルを作る

❶ かぶは皮つきのまま一口大に切る。
❷ 鋳物ココット鍋にバターを溶かし、かぶを入れてしんなりするまで炒め煮する。
❸ フルール・ド・セルを加えてふたをし、弱火で柔らかくなるまでゆっくり煮る。
❹ 牛乳と生クリームを加え、液体がわいてきたら火を止める。
❺ プロエスプーマを加え、ミキサーでなめらかなピュレにし、塩、白こしょうで味を調える。
❻ パコジェットの容器に入れて急速冷凍する。
❼ 使用する直前にパコジェットをまわしてなめらかなアイスクリームにする。

かぶのソルベ・植物性乳酸菌を作る

❶ かぶは皮つきのまま横半分に切り、断面に粉糖をふりかける。
❷ 90℃のコンベクションオーブンで4時間加熱する。
❸ すんきの漬け汁と一緒にミキサーにかけ、目の粗いシノワで漉してピュレにする。
❹ かぶのピュレ150gを取り、転化糖と豆乳を加え、バーミックスで混ぜ合わせる。
❺ パコジェットの容器に入れて急速冷凍する。
❻ 使用する直前にパコジェットをまわしてなめらかなアイスクリームにする。

赤かぶのソルベ・酢酸菌を作って仕上げる

❶ 赤かぶは葉を落とし、皮つきのまま一口大に切る。ジューサーにかけて液体を漉す。
❷ 赤かぶのジュース280mℓに残りの材料をすべて入れ、バーミックスで混ぜ合わせる。シノワで漉す。
❸ パコジェットの容器に入れて急速冷凍する。
❹ 使用する直前にパコジェットをまわしてなめらかなアイスクリームにする。
❺ 3種類のソルベをクネル形にし、皿に並べて供する。

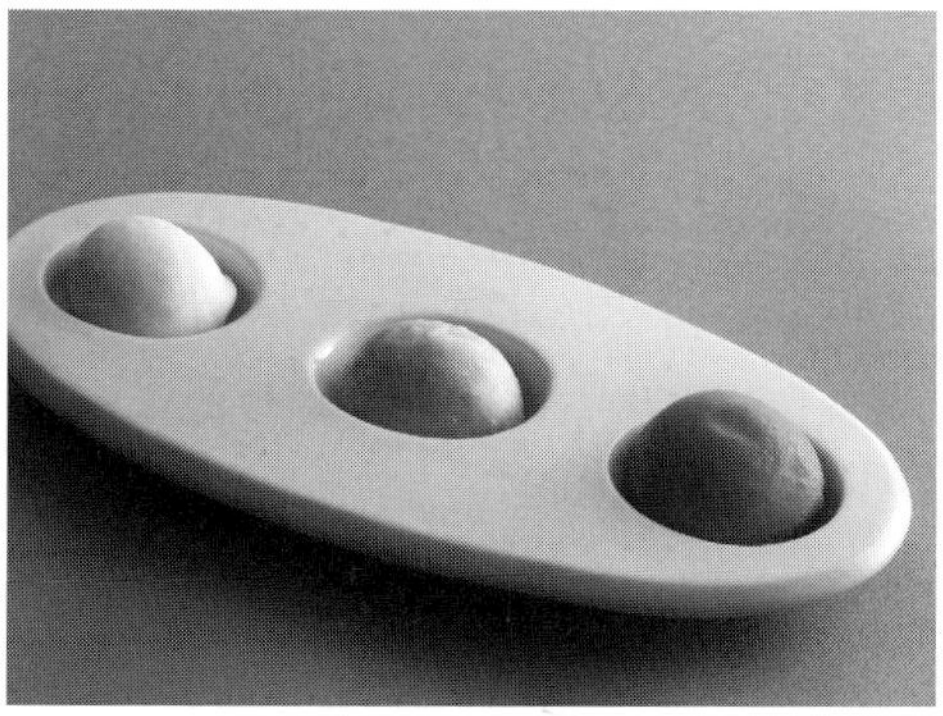

すんき漬け

材料

木曽の赤かぶの葉……1kg
すんきの元種（昨年仕込んで冷凍しておいたすんき漬けと漬け汁）……200g

作り方

❶ 赤かぶの株の部分を1cm残して葉を切り落とし、水でよく洗う。葉を3cm幅に切る。
❷ 沸騰直前までわかした湯でさっと湯通しする。ゆで汁はとっておく。
❸ 深い桶の中にビニール袋を敷き、湯通ししたかぶの葉¼量を温かいうちに入れる。
❹ すんきの元種¼量を③の上に敷く。かぶの葉と元種を¼量ずつ交互に重ねる。
❺ 45℃にさましたかぶの葉のゆで汁を、④にひたひた量まで注ぐ。
❻ ビニール袋の口を空気が入らないように結び、上から重しをする。
❼ ディッシュウォーマーなど、ビニールの中が35〜40℃に保てる温かい場所で約10時間保温する。
❽ 冷蔵庫に移し、一晩以上寝かせる。
❾ 液体が白濁したピンク色になり、葉は酸味のあるべっこう色になれば完成。空気に触れない容器に移し、冷蔵庫で保存する。

発酵独活と細魚のクリュ・タリアテッレ，晩白柚

le sputnik　高橋 雄二郎

カラー写真は16ページ

材料（4人前）

サヨリ……12尾
塩、グラニュー糖……各適宜
うどのジュレ（出来上がりは約500g）
　水……500㎖
　軟白うどの切れ端……200g
　塩……適宜
　白ワインヴィネガー……20㎖
　ゆず皮……½個
　木の芽……20g
　板ゼラチン……液体の1.5％量
発酵うど……約4本
オレンジ果汁……適宜
グレープフルーツ果汁……適宜
晩白柚……適宜
ゆず皮……適宜

作り方

サヨリをマリネする

❶ サヨリを3枚におろし、塩とグラニュー糖を少量ふり、30分マリネする。
❷ 氷水でさっと洗って水分を拭き取り、脱水シートに挟んで半日寝かせる。

うどのジュレを作る

❶ 鍋に板ゼラチン以外の材料を入れて沸騰させ、弱火にして30分煮出して香りを移す。
❷ シノワで漉し、水で戻したゼラチンを加えて溶かす。
❸ 冷蔵庫で冷やし固める。

仕上げる

❶ 発酵うどを洗って水分を拭き取り、縦に薄切りにする。
❷ オレンジ果汁とグレープフルーツ果汁を同割で混ぜ合わせ、発酵うどをくぐらせて香りづける。
❸ サヨリも②の液体にくぐらせて香りづける。
❹ 発酵うどとサヨリをそれぞれ丸め、うど10枚、サヨリ6枚を皿に交互に盛りつける。
❺ うどのジュレを間に少量ずつ入れて飾り、晩白柚の果肉の粒、ゆず皮をすりおろして散らす。

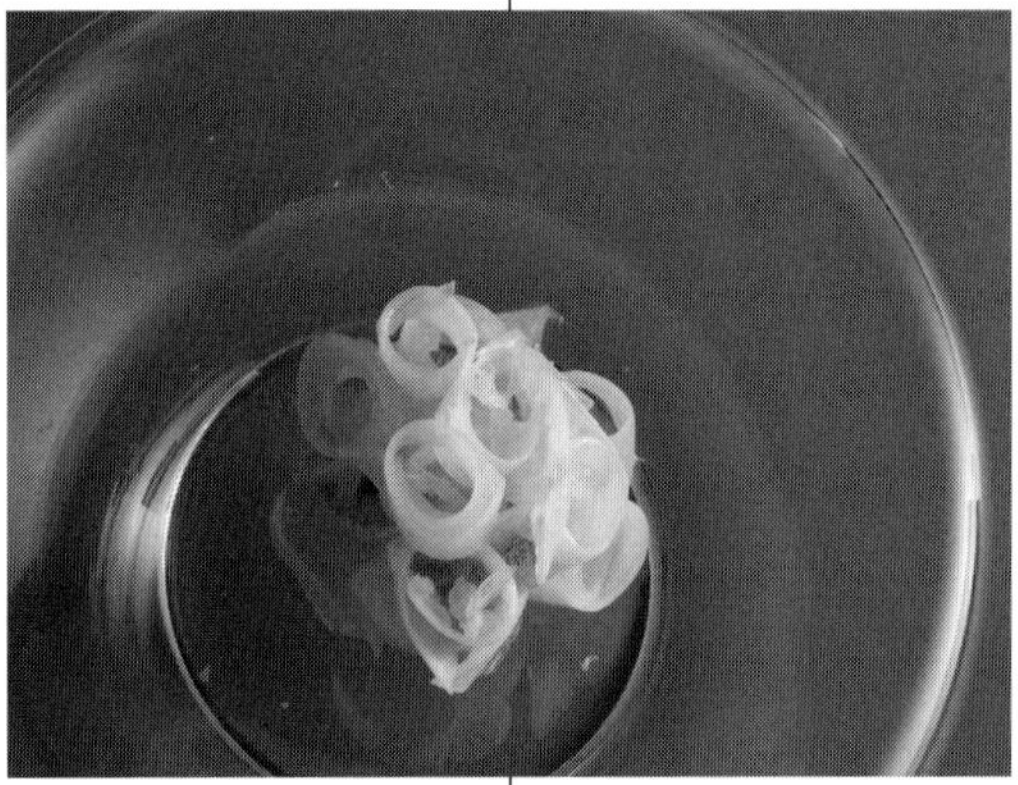

発酵うど

材料
軟白うど
2％塩水

作り方

❶ うどは皮つきのまま20㎝長さに切り分ける。
❷ 密封瓶に入れ、2％塩水をかぶる程度まで注ぎ、ふたをする。
❸ ガスが出るのでときおりふたを開けながら常温（25〜30℃）で1週間〜10日発酵させる。香りが強くなり、食感が変わったら完成。

発酵ソール・ボンファム

le sputnik　高橋 雄二郎

カラー写真は18ページ

材料（20人前）

マッシュルームのデュクセル

マッシュルーム	200g
にんにく	2g
玉ねぎ	50g
ピュア・オリーブ油	適宜
塩、黒こしょう	適宜
白ワイン	20mℓ
無塩バター	5g

マッシュルーム	20個
無塩バター	適宜
ピュア・オリーブ油	適宜
にんにく油	適宜
白ワイン	適宜
舌平目	大5尾
塩、白こしょう	各適宜

サバイヨン・ソース

エシャロット	100g
ノイリー酒	50mℓ
白ワイン	10mℓ
白ワインヴィネガー	10mℓ
発酵マッシュルームの発酵液	10mℓ
卵黄	2個
塩	適宜
黒トリュフ	適宜

*にんにく油は、みじん切りしたにんにくをピュア・オリーブ油に1日以上漬け込んだもの。

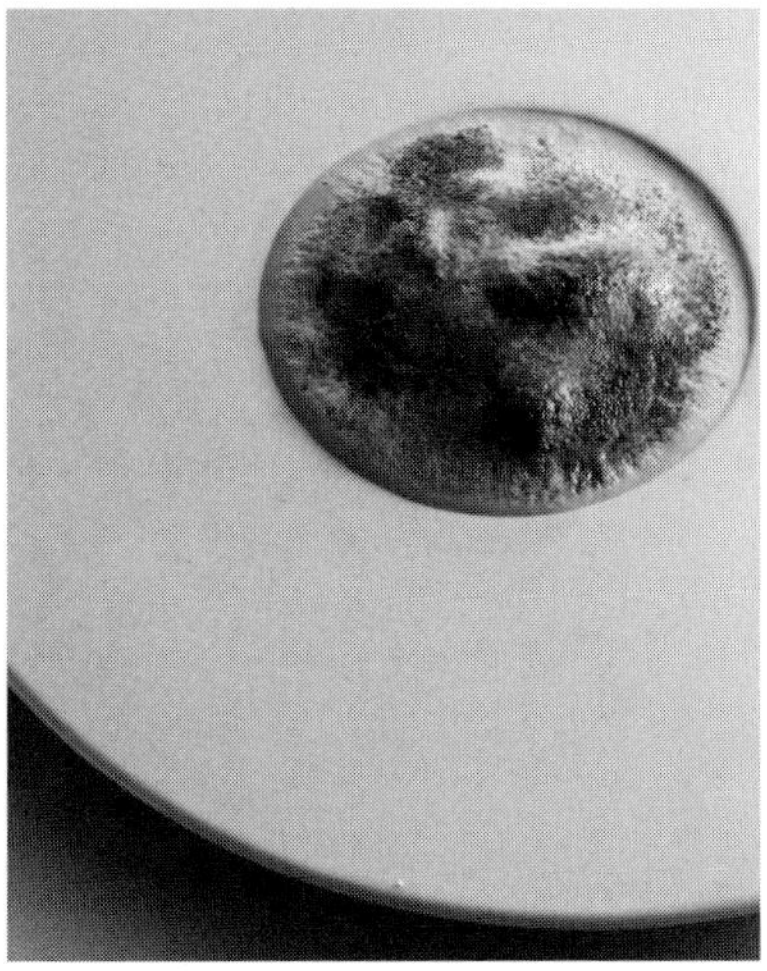

作り方

マッシュルームのデュクセルを作る

❶ マッシュルーム、にんにく、玉ねぎをそれぞれみじん切りにする。

❷ オリーブ油を敷いた鍋でにんにくを炒めて香りを出し、玉ねぎを加えてしんなりするまで炒める。

❸ マッシュルームを加えて水分を飛ばし、塩、黒こしょうで味を調える。

❹ 白ワインを加えてアルコールを飛ばし、バターを加えて溶かす。

マッシュルームを炒める

❶ マッシュルームを3㎜厚さの薄切りにし、バター、オリーブ油、にんにく油を同量ずつ入れた鍋で炒める。

❷ 白ワインを少量加え、さらに炒めて香りづける。

舌平目に火入れする

❶ 舌平目は5枚におろし、フィレを4等分する。ラップの上で正方形になるように身を並べ、塩、白こしょうで下味をつける。

❷ ラップでくるみ、バター小さじ1と一緒に真空にかけ、68℃のコンベクションオーブンで2分加熱する。

サバイヨンソースを作る

❶ ベースを作る。薄切りにしたエシャロット、ノイリー酒、白ワイン、白ワインヴィネガーを鍋に入れ、⅓量になるまで煮詰める。

❷ エシャロットを絞るように紙漉しする。

❸ ベース15mℓに対してマッシュルームの発酵液10mℓを混ぜ合わせる。

❹ 卵黄を入れたボウルを湯煎にかけ、③を少量ずつ加えながら泡立てて乳化させる。塩で味を調える。

仕上げる

❶ 皿にマッシュルームのデュクセルを敷き、舌平目をのせ、炒めたマッシュルーム、薄切りした黒トリュフを重ねる。

❷ サバイヨン・ソースを熱いうちに①にかけて全体を覆い、バーナーであぶって表面を焦がす。

発酵マッシュルーム

材料

マッシュルーム

3％塩水

作り方

❶ マッシュルームを薄切りにし、3％の塩水と一緒に真空にかける。

❷ 常温（25～30℃）で2～3週間発酵させる。ガスで袋がふくらみ、発酵の香りが強くなって酸味が出たら完成。発酵液が濃い茶色になるまで発酵を進めたほうが、味に深みが出る。

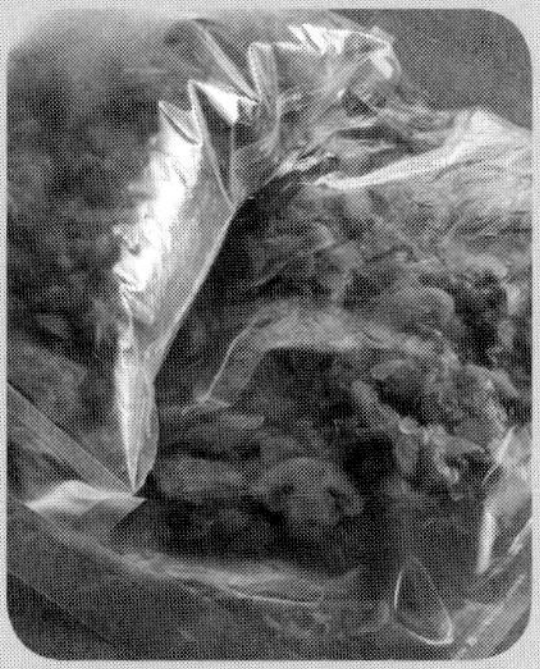

カラー写真は22ページ

❸ バナナの葉を細長く切って皿に敷き、レンズ豆のテンペをのせる。
❹ テンペの上にメルゲーズ4切れ、水気を切った乳酸発酵のキャベツ13g、レーズンをのせ、発酵キャベツシートをかぶせる。
❺ 青バナナのフリットを3枚飾り、発酵キャベツパウダーを茶漉しでふって仕上げる。

乳酸発酵キャベツ

材料
- 紫キャベツ……500g
- 塩……10g
- ジュニパーベリー……2.3g
- レーズン……11g

作り方
❶ 紫キャベツをせん切りにし、塩をよくもみ込む。しっかり水分を出す。
❷ 密封瓶に汁ごと入れ、ジュニパーベリー、レーズンを加えてふたをする。
❸ 32℃の保温器で3〜5日発酵させる。
❹ 冷蔵庫で5日寝かせる。

セリと塩麹エスプーマのディップ

Cofuku　赤木 渉

カラー写真は20ページ

材料（30人前）

ライスパフ
- 炊いた白米……適宜
- ナタネ油、塩……適宜

セリパウダー
- セリ葉……適宜
- 発酵セリ葉……適宜

セリのマヨネーズ（出来上がりは約350mℓ）
- 卵黄……2個
- 米酢、塩……各適宜
- セリ葉オイル、ほうれん草オイル（4:1の割合で合わせる）……240〜300mℓ

塩麹エスプーマ
- 生米……1合
- 水……900mℓ
- しょっつる……適宜
- 塩麹……適宜

セリ根……30本

ナタネ油……適宜

＊セリ葉オイルは、セリ葉100gとナタネ油200mℓをミキサーでピュレにし、紙漉ししたもの。ほうれん草オイルは、ゆでたほうれん草で同様に作る。

発酵セリ葉

材料
- セリ葉
- 2%塩水

作り方
❶ セリ葉を全体に行き渡る程度の塩水と一緒に真空にかける。
❷ 常温（25〜30℃）で約1週間発酵させる。強烈な酸味が出てきたら完成。

作り方

ライスパフを作る

❶ 白米をザルに入れて水洗いし、よく水気を切る。天板に広げ、70℃のディハイドレーターで完全に乾燥させる。
❷ 220℃のナタネ油で揚げ、油をよく切る。塩で味を調え、軽く砕く。

セリパウダーを作る

❶ セリ葉と発酵セリ葉をそれぞれ70℃のディハイドレーターで完全に乾燥させる。ミルサーでパウダーにし、同割で混ぜ合わせる。

セリのマヨネーズを作る

❶ 卵黄を泡立て器でよく混ぜ合わせ、米酢と塩を順に加えて混ぜ合わせる。
❷ セリ葉オイルとほうれん草オイルを少量ずつ加えながら乳化させる。塩で味を調える。

塩麹エスプーマを作る

❶ 研いだ米に水を注ぎ、30分ほど浸ける。おかゆ程度に柔らかく炊く。
❷ ミキサーでまわし、ソースよりやや固い程度の濃度のピュレにする。
❸ しょっつると塩麹で味を調え、エスプーマに入れて亜酸化窒素ガスを充填する。

セリ根のフリットを作って仕上げる

❶ セリ根を70℃のディハイドレーターで完全に乾燥させる。
❷ 150℃のナタネ油で素揚げし、油をよく切る。
❸ セリパウダーを全体にふりかけ、ディペンサーに入れたセリのマヨネーズをごく少量粒状につける。
❹ 皿に盛りつけ、別皿に塩麹エスプーマを入れ、ライスパフを散らす。

レンズ豆のテンペ

Restaurant Air　山本英男

材料（2人前）

メルゲーズ
（出来上がりは100g約18本分）
- 羊肩肉……1.5kg
- 豚背脂……120g
- にんにく……8g
- 塩……20g
- カイエンヌペッパー……6g
- クミンパウダー……5g
- アニスパウダー……2g
- コリアンダーパウダー……3.5g
- パプリカパウダー……14g
- アリッサ……8g
- フォン・ド・ヴォライユの クラッシュアイス……100g
- 羊腸……適宜

乳酸発酵キャベツ……適宜

発酵キャベツシート
- 乳酸発酵キャベツの絞り汁…60mℓ
- アガー……2g

青バナナのフリット
- 青バナナ……1本
- サラダ油……適宜
- 塩……適宜

レンズ豆のテンペ……50g
塩……適宜
ピュア・オリーブ油……適宜
白こしょう……適宜
バナナの葉……適宜
レーズン……4粒

作り方

メルゲーズを作る

❶ 5㎜のミンサーで羊肩肉を粗挽きにし、冷蔵庫で1時間冷やす。豚背脂、にんにくはみじん切りにする。
❷ 冷やしたボウルに羊肩肉ミンチ、にんにく、塩、スパイス、アリッサを入れ、ビーターの中速で回す。
❸ 全体が混ざったらクラッシュアイスを入れてさらに混ぜ、豚背脂を加えて練り上げる。
❹ スタッファーで羊腸にファルスを詰め、18等分する。冷蔵庫で1日吊るす。

発酵キャベツパウダーを作る

❶ 乳酸発酵キャベツをさらしに包んで絞り、水分を抜く。出てきた水分は発酵キャベツのシートに使用する。
❷ クッキングシートに広げてのせ、ディッシュウォーマーで完全に乾燥させる。
❸ ミルサーでパウダー状にする。

発酵キャベツシートを作る

❶ 鍋に乳酸発酵キャベツの絞り汁とアガーを加え、ダマにならないように混ぜ合わせる。
❷ 沸騰させ、14×20㎝のバットに流し、粗熱を取る。冷蔵庫で冷やし固める。
❸ 直径9㎝の丸抜き型で抜く。

青バナナのフリットを作る

❶ 青バナナを皮ごとごく薄くスライスし、水で洗う。
❷ 水分をよく拭き取り、140℃のサラダ油で揚げる。
❸ 油を切り、塩をふる。

レンズ豆を焼いて仕上げる

❶ レンズ豆のテンペに塩をふり、オリーブ油を敷いたフライパンで両面を香ばしく焼く。白こしょうをふって味を調える。
❷ メルゲーズをオリーブ油を敷いたフライパンで香ばしく焼き上げ、3㎜厚さに切る。

レンズ豆のテンペ

材料（直径6㎝のセルクル2個分）
- レンズ豆……80g
- 米酢……適宜
- テンペ菌……0.4g
- 片栗粉……2g

作り方

❶ レンズ豆をよく洗い、レンズ豆の4倍量の酢水（水20に対し米酢1の割合で作る）に浸し、皮をふやかす。
❷ 皮をむき、そのまま酢水に浸して一晩おく。皮をむいた状態で50gになる。
❸ 水340mℓに対し米酢12.5mℓを加えてわかす。
❹ レンズ豆を③の酢水で1分ゆでる。
❺ シノワで漉し、40℃までさます。このとき、真水で洗うとうまくいかないので、鍋底に残ったレンズ豆も水でさらさないように注意する。
❻ テンペ菌と片栗粉を混ぜ合わせ、よく水気を切ったレンズ豆に混ぜ合わせる。
❼ セルクルに豆を詰め、ラップを張る。ラップに金串などで数か所穴をあけ、通気性を確保する。
❽ 32℃の保温器で22～24時間発酵させる。

塩麹漬けホロホロ鳥と発酵じゃがいものエスプーマ

Cofuku　赤木 渉

カラー写真は24ページ

材料（16人前）

ホロホロ鳥のジュ
（出来上がりは約1ℓ）
- ホロホロ鳥のガラ……5羽分（約2kg）
- セロリ……1本
- にんじん……½本
- 玉ねぎ……⅔個
- ナタネ油……適宜
- ブーケガルニ（タイム、ローリエ、パセリの茎）……1束
- にんにく……2片
- フォン・ド・ヴォライユ……1ℓ
- ジュ・ド・プーレ……3ℓ

マルメロピュレ
- マルメロ……4個
- 水……適宜
- グラニュー糖……50g

発酵じゃがいものエスプーマ
（出来上がり約500g）
- 発酵じゃがいも（104ページ参照）……165g
- 38％生クリーム……220mℓ
- 牛乳……100mℓ
- 無塩バター……15g
- 塩……適宜

2色のじゃがいもチップス
- じゃがいも（ノーザンルビー、レッドムーン）……各4個
- 水、ナタネ油、塩……各適宜

塩麹漬けホロホロ鳥
- ホロホロ鳥胸肉……16枚
- 塩麹……適宜
- ナタネ油……適宜

飾り用
- 食用菊、アマランサス……各適宜

作り方

ホロホロ鳥のジュを作る

❶ 掃除したホロホロ鳥のガラを天板の上に並べ、180℃のコンベクションオーブンで全体がきつね色になるまで焼く。

❷ セロリ、にんじん、玉ねぎは皮をむいて3㎝角に切り、ナタネ油を敷いたフライパンできつね色になるまで焼く。

❸ 鍋に材料をすべて入れ、中火で沸騰させる。わいたら弱火にし、アクを取りながら2時間ほどかけて⅓まで煮詰める。

マルメロピュレを作る

❶ マルメロは外皮をむき、ざく切りして薄皮と種を取り除く。

❷ 鍋に入れてひたひた程度の水を注ぎ、中火にかける。沸騰したら弱火にし、柔らかくなるまで煮る。

❸ グラニュー糖を加えてジャム状になるまで煮詰め、パコジェットの容器に入れて凍らせる。

❹ パコジェットをまわし、冷蔵庫で解凍してなめらかなピュレにする。シノワで漉す。

発酵じゃがいものエスプーマを作る

❶ 発酵じゃがいもをスチームコンベクションで柔らかくなるまで蒸し、裏漉す。

❷ 残りの材料を混ぜ合わせて沸騰直前まで温める。

❸ じゃがいもが温かいうちに②を少しずつ混ぜ合わせ、バーミックスでなめらかにする。塩で味を調える。エスプーマに入れ、亜酸化窒素ガスを充塡する。

2色のじゃがいもチップスを揚げる

❶ じゃがいもは皮つきのままひとつずつアルミホイルで包み、150℃のコンベクションオーブンで30〜35分蒸し焼きする。

❷ 皮をむいてざく切りにし、種類ごとに60℃程度に温めた水を少量加えてミキサーでピュレにする。どろっとして、なんとか流動性がある程度の固さに調節する。

❸ シルパットにそれぞれ2㎜厚さに伸ばし、常温で完全に乾かす。

❹ シルパットからはがして適当な大きさに割り、140℃の油で揚げる。

❺ クッキングペーパーに挟み、上から重石をのせて平らにする。塩で味を調える。

塩麹漬けホロホロ鳥を焼く

❶ 塩麹を肉全体に塗りつけ、常温で30分マリネする。

❷ 塩麹を拭き取り、真空にかけて56℃の湯煎で22〜30分加熱する。

❸ 袋から取り出し、ナタネ油を敷いたフライパンで皮面に焼き色をつける。裏返し、肉にも軽く色づける。塩麹には糖分があり、非常に焦げやすいので、低温で焼き上げる。

盛りつけ

❶ 肉を縦半分に切って皿にのせ、発酵じゃがいものエスプーマを皮面に絞る。

❷ 2色のチップスをそれぞれ上面に並べる。

❸ マルメロピュレをクネル形に整えて添え、ピュレの上に食用菊の花びらとアマランサスを飾る。

❹ホロホロ鳥のジュを流して仕上げる。

蝦夷鹿芯々のカルパッチョ　発酵ビーツ　カゼイン

le sputnik　高橋 雄二郎

カラー写真は28ページ

材料（5人前）

蝦夷鹿もも肉（シンシン）	300g
フルール・ド・セル	適宜
粗く砕いた黒粒こしょう	適宜
しょうが	適宜
にんにく	適宜
ローリエ	適宜
ローズマリー	適宜
ジュニパーベリー	適宜
ビーツ	½個
赤ワインヴィネガー	適宜
赤からし菜	適宜
発酵ビーツ	100g
乾燥カゼイン	100g

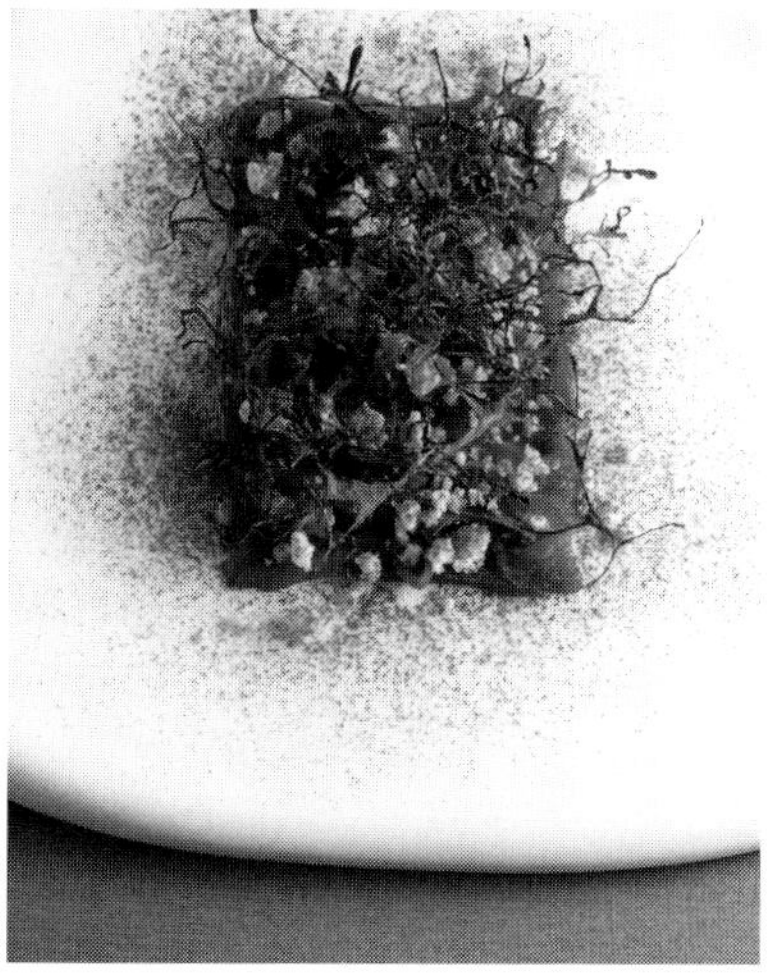

作り方

鹿肉に火入れする

❶ 鹿肉にフルール・ド・セルを強めにふり、粗く砕いた黒粒こしょう、しょうがとにんにくの薄切り、ローリエ、ローズマリー、ジュニパーベリーで2時間マリネする。

❷ 表面をペーパーで拭き取り、脱水シートに挟んで半日冷蔵庫で寝かせる。

❸ シートをはがして真空にかけ、56℃のコンベクションオーブンで中心温度が56℃になるまで20分加熱する。

❹袋ごと氷水でよく冷やし、薄く切る。

ビーツパウダーを作る

❶ ビーツを薄切りにし、天板に並べる。

❷ 赤ワインヴィネガーをふりかけ、65℃のコンベクションオーブンで一晩乾燥させる。

❸ ミルサーでパウダーにする。

乾燥赤からし菜を作る

❶ 赤からし菜をさっと塩ゆでする。

❷ 水気をよく切り、天板に並べる。60℃のコンベクションオーブンで一晩乾燥させる。

盛りつける

❶ 皿に鹿肉を縦に並べ、四角く形を整える。

❷ 発酵ビーツは水気をよく絞り、せん切りにする。鹿肉の上に盛りつけ、乾燥カゼインをほぐして散らす。

❸ 乾燥赤からし菜と生の赤からし菜を飾り、茶漉しでビーツパウダーを全体にふりかけて仕上げる。

発酵ビーツ

材料

ビーツ	100g
塩	3g
黒粒こしょう	適宜
ジュニパーベリー	適宜
ローリエ	適宜

作り方

❶ ビーツは皮をむいて薄切りにし、重量の3%の塩をよくもみ込む。

❷ 黒こしょう、ジュニパーベリー、ローリエと一緒に真空にかける。

❸ 常温（25〜30℃）で2週間発酵させる。シュークルートのような爽やかな酸味が出たら完成。冷蔵庫で保存する。

乾燥カゼイン

材料

牛乳	1ℓ
レモン汁	20mℓ
塩	適宜

作り方

❶ 牛乳とレモン汁を混ぜ合わせ、80℃まで温める。

❷ 液体と固形分に分離したら、キッチンペーパーを敷いたザルで漉し、水分を絞る。

❸ 固形分をバットの上にほぐして広げ、30〜40℃の場所で1日発酵させる。軽く酸味が出て、半乾燥したら完成。塩で味を調える。

カラー写真は30ページ

❸エディブルフラワーとスプラウトを飾り、粗塩をふる。
❹発酵ガスパチョをパコジェットでまわしてシャーベットにし、盛りつける。
❺大葉オイルとマグロのブロスを混ぜ合わせて器に入れ、客席で注いで仕上げる。

発酵トマト

材料
トマト
塩

作り方
❶トマトのヘタを取ってざく切りし、重量の2％量の塩でもみ込んで真空にかける。
❷常温（25～30℃）で約1週間発酵させる。
❸乳酸の香りが出はじめ、やわらかな酸味が出てきたら完成。この料理では特にトマトをたくさん使うので、発酵は進めすぎないほうがよい。

ウッフブイエのスープ仕立て

à nu, retrouvez-vous　下野昌平

カラー写真は26ページ

材料（2人前）

マッシュルームスープ
- 牛乳……200mℓ
- マッシュルーム……12個
- 35％生クリーム……20mℓ
- 塩、白こしょう……各適宜

ウッフ・ブイエ
- 全卵……1個
- 35％生クリーム……100mℓ
- 塩、白こしょう……各適宜

葉野菜（水菜、サニーレタス、ハンサムグリーンレタス、トレヴィス）……各適宜
根菜（ビーツ、黄色ビーツ、にんじん、紅芯大根、ラディッシュ）……適宜
発酵豆乳……60mℓ
花びら（食用菊）……適宜

作り方

マッシュルームスープを作る
❶牛乳とマッシュルームをミキサーでピュレにする。
❷鍋に入れて中火にかけ、沸騰したら生クリームを加える。
❸軽く煮詰め、牛乳で濃度を調節し、塩、こしょうで味を調える。

ウッフ・ブイエを作る
❶全卵、生クリームを混ぜ合わせて塩、こしょうを軽くふる。
❷フライパンで、絶えず混ぜ続け、卵が固まりはじめたら皿に盛りつける。

盛りつける
❶葉野菜は手でちぎり、ビーツ、にんじん、紅芯大根、ラディッシュは皮をむいてスライスする。ボウルに入れ、発酵豆乳を混ぜ合わせて味を調える。
❷ウッフ・ブイエの上にマッシュルームスープをかけ、①を盛りつける。花びらを飾る。

発酵豆乳

材料
- 豆乳……1ℓ
- ヨーグルト……30g
- 塩麹……30g
- 甘酒……適宜
- ゆず汁……適宜
- 塩……適宜

作り方
❶豆乳、ヨーグルト、塩麹を密封瓶に入れ、40℃の保温器に5時間入れる。
❷甘酒、ゆず汁、塩で味を調えて使う。

マグロとガスパチョ

Cofuku　赤木　渉

材料（6人前）

マグロのブロス
- 水……2ℓ
- 昆布……適宜
- マグロ節……ふたつかみ
- 自家製アンチョビの魚醤……適宜

大葉マヨネーズ
（出来上がりは約350mℓ）
- 卵黄……2個
- 米酢、塩……各適宜
- 大葉オイル、ほうれん草オイル（3:1の割合で合わせる）……240〜300mℓ

発酵ガスパチョ
（出来上がりは約700g）
- 発酵トマト……650g
- セロリ……½本
- 玉ねぎ……⅙個
- きゅうり……1本
- にんにく……¼片
- 赤パプリカ……1個
- ナタネ油……適宜
- 米酢……適宜
- タイム、バジル……各適宜

本マグロ赤身……350g
塩……適宜
紅くるり大根……適宜
りんごヴィネグレット……適宜
エディブルフラワー（ビオラ）……適宜
スプラウト（紫芽、赤穂紫蘇、マイクロデトロイト、レッドチコリ）……適宜
粗塩……適宜
大葉オイル……適宜

＊大葉オイルは、大葉100gとナタネ油200mℓをミキサーでピュレにし、紙漉ししたもの。ほうれん草オイルは、ゆでたほうれん草で同様に作る。
＊りんごヴィネグレットは、ナタネ油300mℓ、りんご酢115mℓ、蜂蜜60mℓ、塩32gを混ぜ合わせて乳化させたもの。

作り方

マグロのブロスを作る

❶ 水に昆布を一晩浸ける。
❷ 弱火にかけ、わかない程度の火加減で30分煮出す。
❸ マグロ節を加えて5分経ったら火を止め、15分おいて紙漉しする。自家製アンチョビの魚醤で味を調える。
❹ 紙漉しし、透明の液体を抽出する。絞らずに、自然に下に落とすこと。
❺ パコジェットの容器に入れて凍らせる。

大葉マヨネーズを作る

❶ 卵黄を泡立て器でよく混ぜ合わせ、米酢と塩を順に加えて混ぜ合わせる。
❷ 大葉オイルとほうれん草オイルを少量ずつ加えながら乳化させる。塩で味を調える。

発酵ガスパチョを作る

❶ 発酵トマトを袋から取り出し、中火にかけて軽く沸騰させる。完全にさます。
❷ セロリと玉ねぎは皮をむき、トマト以外の野菜をすべてスライスする。
❸ タイム、バジル以外の材料をミキサーでピュレにし、タイムとバジルを加えて冷蔵庫で半日寝かせる。

マグロと大根の下ごしらえをする

❶ さくに切ったマグロを2%の塩水に約40分浸し、内部の水分を抜きながら下味をつける。
❷ さっと洗い流して水分を拭き取り、スライスする。
❸ 紅くるり大根を桂むきし、1辺が約7cmのひし形に切る。
❹ 紅くるり大根をりんごヴィネグレットであえ、10分おいてなじませる。

盛りつける

❶ マグロと紅くるり大根のスライスを1枚ずつランダムに巻く。皿に直径6cmのセルクルを置き、マグロ4：紅くるり大根3の割合でセルクルの中に詰めて成形する。
❷ セルクルをはずし、大葉マヨネーズをディスペンサーで上面に点描する。

自家製アンチョビ

材料
ヒシコいわしのフィレ
塩

作り方

❶ 容器に塩を敷き、いわしのフィレを全面に並べ、塩で覆う。塩とフィレを交互に重ね、上面を塩で覆い、冷蔵庫で3か月以上寝かせる。
❷ 1、2か月したら上面に液体が上がってくるので、その液体を魚醤として使う。

カラー写真は36ページ

野菜を準備する

❶ 各色のかぶを、少量だけ生のまま薄くスライスし、飾り用に取っておく。
❷ 残りはオリーブ油とフルール・ド・セル、タイム、ローズマリーをもみ込み、鋳物のココット鍋に入れる。ふたをし、170℃のオーブンでローストする。小さな一口大に切り分ける。
❸ じゃがいももかぶと同様にローストし、小さな一口大に切り分ける。
❹ 葉玉ねぎは縦に半分に切り、オリーブ油を薄く敷いた鍋で蒸し煮する。フルール・ド・セルとこしょうで味を調える。

盛りつける

❶ ブリオッシュを2〜3㎝厚さに切り、直径8㎝の菊型と直径5.2㎝の菊型でドーナツ状に抜く。サラマンダーで両面をトーストし、皿の中央にのせる。
❷ ブリオッシュの穴の中に、すんきのソース・ベアルネーズを入れる。
❸ 葉玉ねぎ、かぶ、じゃがいも、トマトコンフィ、スナップえんどうの豆を盛りつけ、飾り用の生かぶを飾る。細切りにしたトリュフを散らす。
❹ 温めて泡立て直したスナップえんどうのソースをかけて仕上げる。

発酵海老いものフライ

Sublime　加藤順一

カラー写真は32ページ

材料（4人前）

海老いもピュレ
- 海老いも……2個
- 水……200㎖
- 牛乳……200㎖
- 発酵海老いもの発酵液……適宜

発酵海老いも……適宜
サラダ油……適宜
足赤海老……8尾
塩……適宜
オレンジ風味のエクストラ・バージン・オリーブ油（イタリア製）……適宜

作り方

海老いもピュレを作る

❶ 海老いもは皮をむいて一口大に切り、水と牛乳を入れた鍋で柔らかくなるまでゆでる。
❷ 液体ごとミキサーでピュレ状にし、発酵海老いもの発酵液で味を調える。

仕上げる

❶ 発酵海老いもは水気をよく拭き取り、半量は160℃のサラダ油できつね色になるまで揚げる。
❷ 残りは250℃のオーブンで真っ黒になるまで焦がし、パウダー状にする。
❸ 足赤海老を殻つきのまま沸騰した湯で1分ゆでて、氷水に落として締める。ミキュイの状態で仕上げ、殻をはずし、塩で味を調える。
❹ 一口大に切った足赤海老をオレンジ風味のオリーブ油であえて香りづける。
❺ 皿に海老いもピュレを敷き、足赤海老を2尾のせる。
❻ 発酵海老いもチップスで⑤を全体に覆い、発酵海老いものパウダーをふりかける。

発酵海老いも

材料
海老いも
2.5％塩水

作り方
❶ 海老いもは皮をむいてスライスする。
❷ 密封瓶に海老いもを入れ、かぶる程度の塩水を注ぐ。
❸ ふたをし、35℃前後の場所で2週間発酵させる。液体が白濁し、すっぱい香りがしてきたら完成。

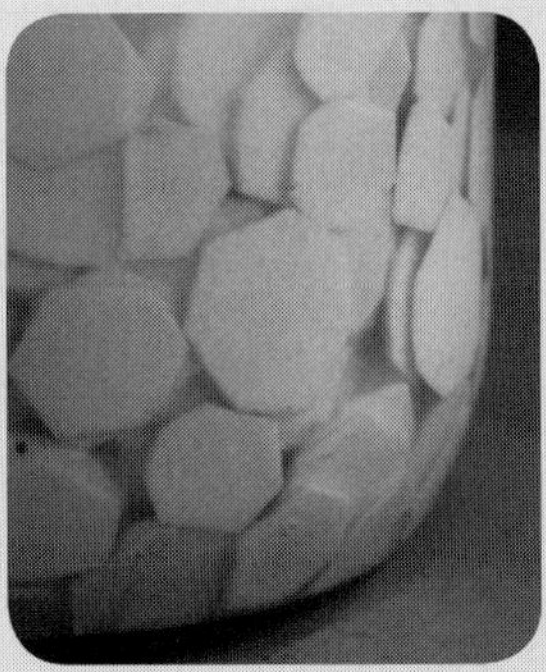

小さな野菜のピエロ仕立て すんきベアルネーズ

ザ・プリンス パークタワー東京　レストラン ブリーズヴェール　**桂 有紀乃**

材料（8人前）

ブリオッシュ（8.5cm×32cm、高さ9cmのパウンド型3本分）
- 牛乳……90g
- 生イースト……20g
- 強力粉……700g
- 薄力粉……300g
- 塩……20g
- グラニュー糖……120g
- 全卵……12個
- 無塩バター（1cm角に切り、室温に戻しておく）……600g
- 無塩バター（型用）、強力粉（型用）……各適宜

トマトコンフィ
- トマト……1個
- 塩……適宜
- ピュア・オリーブ油……適宜
- タイム……適宜

すんきのソース・ベアルネーズ
- 卵黄……2個
- すんきの漬け汁……55mℓ
- 塩……2g
- 澄まし無塩バター……100g
- すんき漬け……20g
- 白こしょう……適宜

スナップえんどうのソース
- スナップえんどう……200g
- 塩……適宜
- 有塩バター……30g

赤かぶ、黄かぶ……各1個
かぶ……2個
じゃがいも（インカのめざめ）……200g
葉玉ねぎ……4本
ピュア・オリーブ油……適宜
フルール・ド・セル……適宜
タイム、ローズマリー……各適宜
白こしょう……適宜
黒トリュフ……適宜

作り方

ブリオッシュを作る

❶ 牛乳を温めて生イーストを混ぜて溶かす。
❷ 強力粉、薄力粉、塩、グラニュー糖、①をミキサーのボウルに入れ、フックの中速でまわす。
❸ 別のボウルで卵をよくかき混ぜる。卵液を②に少しずつ加え、15分ミキシングする。
❹ バターを少しずつ加えて混ぜ合わせる。
❺ 生地を丸めてぬれ布巾とラップをかぶせ、室温で約1時間寝かせる。
❻ 冷蔵庫に移し、さらに6時間寝かせる。
❼ 生地を取り出し、パンチングしてガス抜きする。9つに分けて丸める。
❽ 生地を四角く伸ばし、上下左右に織り込み、型の幅に合うように整形する。
❾ 型にバターを薄く塗り、強力粉をふる。生地を3つずつ型に詰める。
❿ ぬれ布巾をかぶせ、室温で約1時間発酵させる。型の9分目の高さになるまでふくらませる。
⓫ 表面に卵黄（分量外）を塗り、160℃のオーブンで向きを変えながら45分焼く。

トマトコンフィを作る

❶ トマトを湯むきし、⅛のカルチェに切る。
❷ 種を取り、断面に塩とオリーブ油をふる。
❸ タイムをのせ、90℃のコンベクションオーブンで4時間加熱する。

すんきのソース・ベアルネーズを作る

❶ 卵黄、すんきの漬け汁、塩をよく混ぜ合わせる。湯煎で3倍のボリュームになるまで泡立てる。
❷ 澄ましバターを少しずつ加えて乳化させる。
❸ みじん切りしたすんき漬けを加え、塩、こしょうで味を調える。

スナップえんどうのソースを作る

❶ スナップえんどうの筋をとり、2％の塩水でゆでて、氷水にとる。
❷ 豆を取り出し、さやとさましたゆで汁をミキサーでまわしてなめらかなピュレにする。
❸ 布漉ししてジュースを取り出す。
❹ 弱火で温め、有塩バターを溶かし混ぜながらバーミックスで泡立てる。

すんき漬け

材料

赤かぶの葉……1kg
すんきの元種（昨年仕込んで冷凍しておいたすんき漬けと漬け汁）……200g

作り方

❶ 赤かぶの株の部分を1cm残して葉を切り落とし、水でよく洗う。葉を3cm幅に切る。
❷ 沸騰直前までわかした湯でさっと湯通しする。ゆで汁はとっておく。
❸ 深い桶の中にビニール袋を敷き、湯通ししたかぶの葉¼量を温かいうちに入れる。
❹ すんきの元種¼量を③の上に敷く。かぶの葉と元種を¼量ずつ交互に重ねる。
❺ 45℃にさましたかぶの葉のゆで汁を、④にひたひた量まで注ぐ。
❻ ビニール袋の口を空気が入らないように結び、上から重しをする。
❼ ディッシュウォーマーなど、ビニールの中が35〜40℃に保てる温かい場所で約10時間保温する。
❽ 冷蔵庫に移し、一晩以上寝かせる。
❾ 液体が白濁したピンク色になり、葉は酸味のあるべっこう色になれば完成。空気に触れない容器に移し、冷蔵庫で保存する。

真牡蠣、うに…磯辺　発酵野菜のラヴィゴット・エルブ

le sputnik　高橋　雄二郎

カラー写真は34ページ

材料（10人前）

ラヴィゴット・エルブ

- セルフィユ、ディル、エストラゴン、バジル、パセリ……各5g
- エシャロット……25g
- ミックス発酵野菜……25g
- ミックス発酵野菜の発酵液……適宜
- ピュア・オリーブ油……適宜

牡蠣とうにのフリット

- 真牡蠣……10個
- うに……5個
- コーンスターチ……適宜
- あおさ……適宜
- サラダ油……適宜
- 塩……適宜

セルフィユ、ディル、エストラゴン、バジル、パセリ……各適宜

ミニクレソン、マイクロセロリ……各適宜

作り方

ラヴィゴット・エルブを作る

❶ハーブ類を一緒にゆで、氷水に取ってさます。ミキサーでまわしてピュレ状にする。

❷エシャロットのみじん切り、ミックス発酵野菜のみじん切り、ハーブのピュレを同量ずつ混ぜ合わせる。

❸オリーブ油と発酵液を混ぜ合わせて味を整える。

牡蠣とうにのフリットを作る

❶牡蠣とうには殻をはずし、牡蠣1個とうに½個分を重ねてコーンスターチを薄く全体にまぶす。

❷あおさを全体をまぶし、170℃のサラダ油で色づけすぎないように揚げる。

❸油を切り、塩を軽くふる。

ハーブパウダーを作る

❶セルフィユ、ディル、エストラゴン、バジル、パセリを一緒にゆで、氷水に取ってさます。ミキサーでまわしてピュレ状にする。

❷バットに刷毛で薄く塗り、65℃のコンベクションオーブンで一晩乾燥させる。

❸ミルサーでパウダー状にする。

盛りつける

❶皿の半面にハーブパウダーを茶漉しでふりかける。

❷ラヴィゴット・エルブを盛りつけ、その上に牡蠣とうにのフリットをのせる。

❸ミニクレソン、マイクロセロリ、ハーブパウダーに使ったハーブ類をフリットの上にたっぷり盛って仕上げる。

ミックス発酵野菜

材料

- かぶ
- 玉ねぎ
- にんじん
- エシャロット
- セロリ
- にんにく
- 黒粒こしょう
- ジュニパーベリー
- ローリエ
- 2％塩水

作り方

❶野菜は皮をむいて薄切りにする。

❷すべての材料を密封瓶に入れ、2％塩水を全体がかぶるまで注ぐ。ふたをし、常温（25〜30℃）で1〜2週間発酵させる。爽やかな酸味とうま味が出てくれば完成。冷蔵庫で保存する。

昆布締めの平目 エルダーベリーの煎り酒

Sublime　加藤順一

カラー写真は40ページ

材料（5人前）

平目の昆布締め
- 平目……1尾
- 水……1ℓ
- 塩……10g
- 昆布……適宜

エルダーベリーの煎り酒
- 日本酒……200mℓ
- エルダーベリーの紫蘇漬け……20g
- かつお節……20g
- 塩……適宜

大葉……適宜
ふのり……適宜
エクストラ・バージン・オリーブ油……適宜
大葉オイル……適宜
紫芽……適宜

＊大葉オイルは、大葉100gとひまわり油200mℓをミキサーでまわし、布漉ししたもの。

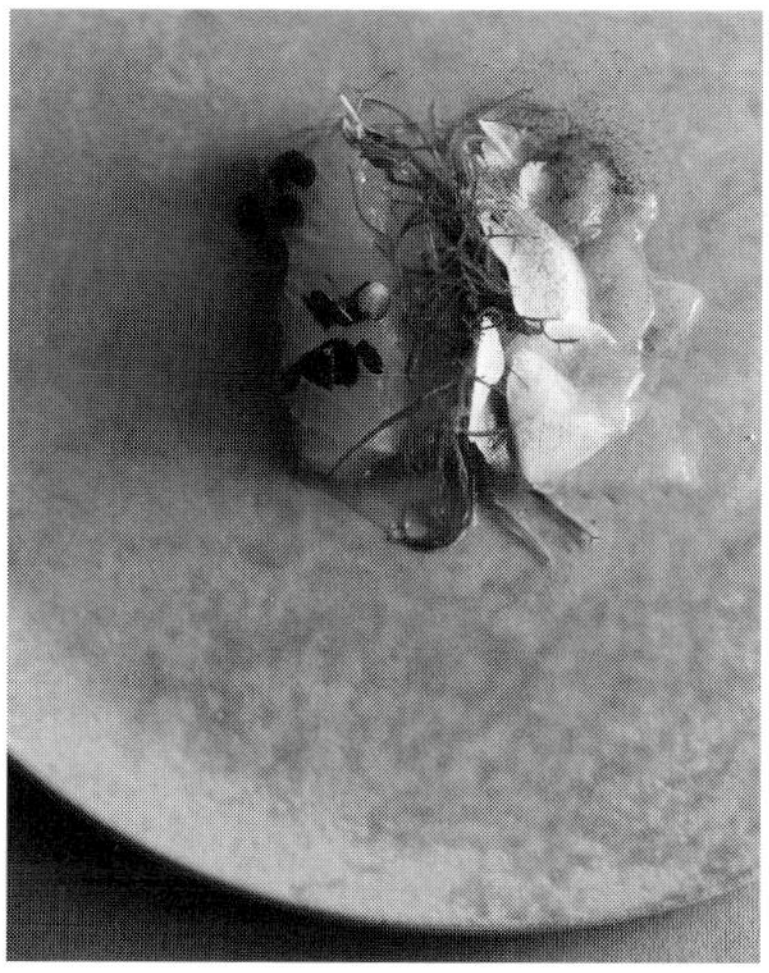

作り方

平目を昆布締めにする

❶ 平目を5枚におろし、皮を取る。
❷ 水に塩を溶かしたソミュール液に平目を20分浸し、取り出して水分をよく拭き取る。
❸ 昆布で包み、冷蔵庫で4時間締める。
❹ 半身だけ、かたまりのまま冷凍する。

エルダーベリーの煎り酒を作る

❶ 日本酒とエルダーベリーの紫蘇漬けを鍋に入れ、半量になるまで煮詰める。
❷ 火からはずし、かつお節を加える。弱火にかけてさらに半量まで煮詰める。
❸ ガーゼで漉し、塩で味を調える。

仕上げる

❶ 大葉を80℃の乾燥庫のなかで完全に乾燥させ、ミルサーでパウダーにする。
❷ ふのりをオリーブ油と大葉オイルであえる。
❸ 冷凍した平目の半身を取り出し、スライサーで薄く削る。
❹ ③に液体窒素をかけ、身をカールさせる。
❺ 冷凍していないほうの平目を薄切りする。
❻ 皿に冷凍していない平目を3枚、冷凍した平目を5枚それぞれ並べる。
❼ ふのりを盛りつけ、紫芽を飾る。大葉パウダーをふりかける。
❽ エルダーベリーの煎り酒をかけて仕上げる。

エルダーベリーの紫蘇漬け

材料
- エルダーベリー……2kg
- 塩……200g
- 米酢……70mℓ
- みりん……70mℓ
- 紫蘇……50g

作り方

❶ エルダーベリーに塩をもみ込んで瓶に入れ、米酢とみりんを混ぜ合わせる。
❷ ふたをし、常温で1か月漬ける。
❸ 出てきた水分で紫蘇をもみ込んで色を液体に移し、液体と紫蘇を瓶の中に加えて混ぜ合わせる。
❹ ふたをし、常温で1か月以上漬け込んだら完成。

カラー写真は38ページ

シュークルート

材料

- キャベツ……100g
- 塩……2%
- 黒粒こしょう……適宜
- ジュニパーベリー……適宜
- コリアンダー……適宜
- ローリエ……適宜

作り方

❶ キャベツをせん切りにし、キャベツの重量に対して2%量の塩をよくもみ込む。
❷ 残りの材料と一緒に真空にかける。常温（25〜30℃）で3週間発酵させる。爽やかな酸味が出てきたら完成。冷蔵庫で保存する。

鴨内臓のアンチョビ

材料

- 鴨のレバーとハツ……2羽分
- マリネ用
  - フルール・ド・セル……5g
  - 黒粒こしょう……5g
  - にんにく……1片
  - タイム……3本
  - ローリエ……1枚
- ピュア・オリーブ油……適宜
- タイム……3本
- にんにく……½片
- エクストラ・バージン・オリーブ油……適宜

作り方

❶ レバーとハツの両面にフルール・ド・セルをまぶし、こしょう、薄切りにしたにんにく、タイム、ローリエをのせ、一晩マリネする。
❷ 流水で軽く洗い、水分を拭き取って脱水シートで挟み、3時間脱水する。
❸ ピュア・オリーブ油にタイムと薄切りにしたにんにくを入れ、66℃に温める。
❹ レバーとハツを加え、66℃を保ったまま10分煮る。
❺ レバーとハツを取り出して油を拭き取り、裏漉す。密封容器に入れ、エクストラ・バージンオリーブ油をかぶるまで注ぐ。冷蔵庫で1週間寝かせる。

紀州鴨　シュークルート

le sputnik　高橋　雄二郎

材料（7人前）

鴨だし
- 鴨骨……1羽分（約1kg）
- トマト……1個
- にんにく……½株
- ベーコン……50g
- 水……1ℓ

ハーブピュレ
- セルフィユ、ディル、エストラゴン、バジル、パセリ……各適宜

シュークルートスープ
（出来上がりは約30人前）
- ピュア・オリーブ油……適宜
- にんにく（みじん切り）……大さじ1
- 玉ねぎ……1½個
- シュークルート……300g
- 白ワイン……50mℓ
- 鴨だし……上記全量
- クミン、コリアンダー……各適宜

鴨肉のカイエット
- 鴨もも肉、レバー……合わせて200g
- 塩、黒こしょう……各適宜
- あめ色玉ねぎ……30〜40g
- にんにく……適宜
- 豚足……50g
- 白ワイン、ルビーポルト酒……各5mℓ
- 全卵……1個
- 網脂……適宜

キャベツソテー
- ピュア・オリーブ油……適宜
- にんにく……適宜
- キャベツ……¼個
- 鴨内臓のアンチョビ……適宜
- 塩……適宜

鴨胸肉……420g

塩……適宜

ピュア・オリーブ油……適宜

キントア豚のラルド……適宜

マイクロクレソン……適宜

*あめ色玉ねぎは、みじん切りにした玉ねぎをバターで茶色くなるまで炒めたもの。

*豚足は香味野菜と一緒に柔らかくなるまで煮込み、骨をはずして3mm角に切っておく。

作り方

鴨だしを作る

❶ 筋や脂などを取り除いた鴨骨、ざく切りにしたトマト、横半分に切ったにんにく、1cm角に切ったベーコンを鍋に入れ、水を注ぐ。

❷ 弱火にかけ、わかない程度の火加減を維持しながら3時間煮出す。

❸ キッチンペーパーを敷いたシノワで漉す。

ハーブピュレを作る

❶ セルフィユ、ディル、エストラゴン、バジル、パセリを一緒にゆで、氷水に取ってさます。

❷ ミキサーでまわしてピュレ状にする。

シュークルートスープを作る

❶ オリーブ油を入れた鍋にみじん切りにしたにんにくを入れて炒め、香りを出す。

❷ 玉ねぎの薄切りを加えてさらに炒め、しんなりしたらシュークルートを加え、色づかないように注意しながらしんなりするまでよく炒める。

❸ 白ワイン、鴨だし、クミン、コリアンダーを加え、沸騰したら弱火にし、半量まで煮詰める。

❹ ロボクープにかけ、液体がもったりしすぎず、食感が残る程度に粉砕する。

❺ ハーブピュレを少量加えて混ぜ、色づける。

鴨肉のカイエットを作る

❶ 鴨もも肉はレバーと一緒にミンサーで粗挽きにし、塩、こしょうで下味をつける。

❷ ボウルに入れ、あめ色玉ねぎ、みじん切りにしたにんにく、豚足を混ぜ合わせる。

❸ 白ワイン、ルビーポルト酒、全卵を加えてよく練り合わせる。

❹ 40gずつ取り分けて俵形に成形し、網脂でくるむ。

キャベツソテーを作る

❶ オリーブ油を敷いたフライパンにみじん切りにしたにんにくを加え、香りが出るまで炒める。

❷ 一口大に切ったキャベツを炒め、鴨内臓のアンチョビを加える。塩で味を調える。

鴨胸肉を焼いて仕上げる

❶ 鴨胸肉に塩を軽くふり、オリーブ油を敷いたフライパンで皮面をアロゼしながらきつね色になるまで焼く。

❷ 200℃のオーブンに2〜3分入れ、取り出して温かい場所で2〜3分休ませる。焼いては休ませるをくり返し、ロゼ色に焼き上げる。60gずつに切り分ける。

❸ 鴨肉のカイエットは、オリーブ油を敷いたフライパンで網脂に焼き色をつけ、200℃のオーブンで5〜10分焼く。

❹ 器にキャベツソテーを敷き、シュークルートスープを注ぐ。

❺ 鴨胸肉と鴨肉のカイエットを盛りつけ、上面にスライスしたラルドをかぶせる。

❻ マイクロクレソンを飾って仕上げる。

カラー写真は44ページ

盛りつける

❶ ラングドシャのコルネにレバーパテを詰め、コンソメジュレを少量入れる。

❷ ツキノワグマの生ハムをスライスし、丸めて①に刺す。

❸ グリーンペッパーの塩漬け、乾燥鹿もも肉、タイムを散らす。

❹ 枯れ葉と乾燥白いんげん豆を敷いた器に木の台を置き、③をのせて仕上げる。

ツキノワグマの生ハム

材料

ツキノワグマのバラ肉……1kg
塩……30g
グラニュー糖……5g
ローズマリーなど好みのハーブ……適宜

作り方

❶ クマ肉に塩とグラニュー糖をまんべなくすり込み、ハーブをのせる。

❷ 冷蔵庫に入れ、1週間寝かせる。

❸ 水気をよく拭き取り、さらに冷蔵庫の中で数日間乾燥させる。

❹ 取り出してさらしで全体を覆い、冷蔵庫で1か月以上寝かせる。ファンの近くなど、できるだけ乾燥した場所におき、湿気ないように注意する。

スープ・ド・ポワソン 発酵しらす

à nu, retrouvez-vous　下野昌平

カラー写真は50ページ

材料（20人前）

スープ・ド・ポワソン
　白身魚の頭、骨……1kg
　玉ねぎ……1個
　にんじん……1本
　セロリ……1本
　にんにく……1株
　トマト……5個
　ピュア・オリーブ油……適宜
　水……適宜
　塩、白こしょう……各適宜
　発酵しらす……適宜
ヒラスズキ……800g
塩……適宜
ピュア・オリーブ油……適宜
牡蠣……100g
スイートセロリ……100g
ごぼう……適宜

発酵しらす

材料

生しらす……1kg
塩……約70g
自家製パプリカパウダー……適宜
トンカ豆……適宜

作り方

❶ しらすに軽く塩をふり、一晩おいて水分を出す。

❷ 水分を拭き取ったら再度塩70gとパプリカパウダーを混ぜ合わせ、トンカ豆を加えて密封容器に入れる。

❸ 冷蔵庫で2週間発酵させる。

作り方

スープ・ド・ポワソンを作る

❶ 魚の頭と骨をぶつ切りにする。玉ねぎ、にんじん、セロリは皮をむいて薄切りにし、にんにくは横半分に切る。トマトは適当な大きさに切り分ける。

❷ オリーブオイルを熱した鍋ににんにく、玉ねぎ、にんじん、セロリを入れ、中火で甘味が出るまで炒める。トマトを加え、水分がなくなるまでさらに炒める。

❸ 魚を加え、全体が色づくまで炒める。

❹ ひたひたになるまで水を加え、沸騰したら弱火にし、アクを取りながら1時間程度煮込む。

❺ 目の細かいシノワで、野菜と魚をつぶしながら漉す。

❻ 液体を鍋に戻し、塩、こしょうを軽くふり、濃度がつくまで煮詰める。

❼ 発酵しらすを加えて味を調える。

ヒラスズキを焼いて仕上げる

❶ ヒラスズキは1人前40gずつに切り分けて軽く塩をふり、オリーブ油を敷いたフライパンで皮面を香ばしくなるまで焼く。

❷ 牡蠣とスイートセロリをそれぞれみじん切りにして混ぜ合わせる。

❸ ヒラスズキの皮面に②を10gずつのせる。

❹ ごぼうは皮をむいて縦にスライスし、170℃のオリーブ油で素揚げする。

❺ 皿にごぼうチップスを盛り、ヒラスズキをのせる。

❻ クリーマーにスープ・ド・ポワソンを注ぎ、別に添えて供する。

ツキノワグマの生ハムと北欧レバーパテ

aeg　辻村直子

材料

牛テールのコンソメ
（出来上がりは約1.2ℓ）
- 牛テール……2.5kg
- 水……10ℓ
- 塩……適宜
- 玉ねぎ……2個
- セロリ……2本
- にんにく……1株
- タイム……2枝
- ローリエ……2〜3枚
- 黒粒こしょう……適宜

クラリフェ用
- 玉ねぎ……100g
- 洋ねぎ……80g
- セロリ……80g
- にんにく……10g
- トマト……1個
- 牛すね粗挽き肉……700g
- タイム……1枝
- パセリの軸……1本
- ローリエ……1枚
- エストラゴン……1枝
- 黒粒こしょう、塩……各適宜
- 卵白……12個分

板ゼラチン……1枚

北欧風レバーパテ
- 豚レバー……適宜
- 無塩バター……適宜
- 薄力粉……適宜
- 42％生クリーム、牛乳……各適宜
- 豚バラ肉……適宜
- 背脂……適宜
- 全卵……適宜
- 玉ねぎ……適宜
- にんにく……適宜
- 塩、黒こしょう……適宜

ラングドシャのコルネ
- 無塩バター……50g
- 粉糖……20g
- 卵白……2個分
- 薄力粉……36g

ツキノワグマの生ハム……適宜
グリーンペッパーの塩漬け……適宜
乾燥鹿もも肉……適宜
タイム……適宜

作り方

コンソメジュレを作る

❶ 鍋に牛テールと水、塩を入れて中火でわかし、かき混ぜながら10分ほど煮てアクを取り除く。
❷ 皮をむいてざく切りにした玉ねぎ、セロリ、横半分に切ったにんにくを加え、アクをさらに取り除く。
❸ タイム、ローリエ、黒粒こしょうを加え、沸騰したら弱火にし、⅓量になるまで1日かけて煮込む。煮詰まりすぎたときは水を足す。
❹ 布漉しして粗熱を取り、冷蔵庫で固める。
❺ 表面の脂をきれいに取り除き、沸騰させる。
❻ クラリフェ用の玉ねぎ、洋ねぎ、セロリ、にんにくはそれぞれ1㎝角に切り、トマトはへたを取ってつぶす。
❼ 別鍋に、卵白以外のクラリフェ用の材料をすべて入れて練り合わせ、卵白を加えて全体がなじむようによくかき混ぜる。
❽ ⑤を注いでよく混ぜ合わせ、中火にかける。鍋底に当たらないようにかき混ぜながら加熱し、肉が固まりはじめ、鍋底から浮いてきたら混ぜるのをやめ、静かにわかす。
❾ 真ん中にレードルで穴を開け、対流を一定にしながら1時間半〜2時間ほど煮る。
❿ 火を止めて30分ほどおき、布漉しする。冷蔵庫で冷やし固め、表面の脂を取り除く。
⓫ コンソメ300㎖を温め、水で戻したゼラチンを加えて混ぜ合わせる。冷蔵庫で冷やし固める。

北欧風レバーパテを作る

❶ レバーは筋などを取り除き、掃除しておく。
❷ フライパンにバターを入れて中火にかけて薄力粉を炒め、牛乳と生クリームを加えて混ぜながら加熱し、ホワイトソースを作る。
❸ ボウルに粗挽きした豚肉、レバー、5㎜角に切った背脂、全卵、みじん切りにした玉ねぎとにんにく、塩、こしょうを加えてミキサーで混ぜ合わせる。
❹ ホワイトソースを加えてさらによく混ぜ合わせる。
❺ テリーヌ型に流してふたをし、湯煎にかけて200℃のオーブンで30分焼く。

ラングドシャのコルネを作る

❶ 常温に戻したバターをクリーム状に練り、粉糖を2回に分けて加え、よく混ぜ合わせる。
❷ 卵白を2回に分けて加え、薄力粉を混ぜ合わせる。
❸ オーブンシートの上に薄く伸ばし、160℃のオーブンで1分焼く。
❹ コルネ型に成形し、さらに8分焼く。

＊乾燥鹿もも肉は、100℃のコンベクションオーブンで1時間乾燥させたあと、ミルサーでパウダー状にしたもの。

カラー写真は46ページ

自家製カラスミ

材料
ボラの卵巣 …… 1個
塩 …… 適宜
白ワイン …… 300mℓ
シェリー酒 …… 150mℓ
ピュア・オリーブ油 …… 適宜

作り方
❶ 針で卵巣の血管を刺し、一晩氷水に漬けて完全に血抜きする。
❷ たっぷりの塩の中に埋め込む。毎日チェックし、水分が出ていたら水分を捨て、そのぶん塩を足す。水分が完全に出なくなり、芯まで固くなるまで、約1週間漬ける。
❸ さっと水洗いして塩を落とす。水に少量の塩を加え、6時間浸して塩抜きする。
❹ 水分をよく拭き取り、白ワインとシェリー酒で5〜7日漬ける。
❺ 芯まで柔らかくなったら酒を拭き取り、キッチンペーパーに挟む。重しをして一晩寝かせる。
❻ 風通しのよい場所で15〜20日乾燥させる。完全に乾燥したら、オリーブ油を表面に薄く塗る。

アンチョビムースのディップソース

aeg　辻村直子

カラー写真は52ページ

材料（1人前）
36％生クリーム …… 10g
自家製アンチョビ …… 5g
紅芯大根 …… 1本
白にんじん …… 1本
黒大根 …… 1本
乾燥アンチョビ …… 適宜

＊乾燥アンチョビは、自家製アンチョビをコンベクションオーブンで乾燥させたもの。

作り方
❶ 生クリームに油を拭き取ったアンチョビを加え、泡立て器でふんわりするまで混ぜ合わせる。
❷ 器に入れ、カルチェに切った紅芯大根、横半分に切った白にんじん、黒大根を盛りつけ、乾燥アンチョビを散らす。

自家製アンチョビ

材料
真いわし
塩
ピュア・オリーブ油

作り方
❶ いわしを3枚におろし、いわしの重量の20％の塩をまぶし、冷蔵庫で1か月以上発酵させる。
❷ 液体が上がってきたら完成。水気を拭き取り、全体がかぶるようにオリーブ油に漬けて保存する。

ポーピエット

Restaurant Air　山本英男

材料（3人前）

ポーピエット

- 真鯛のスライス …… 12枚
- 塩 …… 適宜
- ホエー …… 119mℓ
- レモン汁 …… 20mℓ
- クリームチーズ …… 27g
- 松葉ガニの身 …… 60g
- ディル …… 3g
- 塩、カイエンヌペッパー …… 各適宜

ラヴィゴットソース
（出来上がりは10人前）

- 赤パプリカ …… 21g
- 黄パプリカ …… 14g
- 黒オリーブ …… 10g
- きゅうり …… 18g
- セロリ …… 16g
- セミドライトマト …… 32g
- ケッパー …… 5g
- ディル …… 6g
- エシャロット …… 20g
- エストラゴンの酢漬け …… 5g
- 塩 …… 3g
- 白こしょう …… 0.8g
- ピュア・オリーブ油 …… 20mℓ

純りんご酢のキャビア

- ピュア・オリーブ油 …… 適宜
- 純りんご酢 …… 85mℓ
- 板ゼラチン …… 3g

自家製カラスミ …… 適宜
ディル …… 適宜

作り方

真鯛をホエーでマリネする

❶ 真鯛に軽く塩をふり、30分マリネする。
❷ pHが3.6になるまでホエーにレモン汁を加える。
❸ 真鯛の水分を拭き取り、②の液体と一緒に密封袋に入れ、24時間マリネする。

ポーピエットを作る

❶ クリームチーズ、カニの身、ディルを混ぜ合わせ、塩、カイエンヌペッパーで味を調える。
❷ 3分割し、それぞれ筒状に丸める。
❸ マリネした真鯛のスライスの水分を拭き取って4枚を並べ、②を包んで成形する。

ラヴィゴットソースを作る

❶ 材料をみじん切りにし、すべてを混ぜ合わせる。

純りんご酢のキャビアを作る

❶ オリーブ油を冷蔵庫で6〜10℃まで冷やす。
❷ りんご酢を沸騰させて火を止め、水で戻したゼラチンを加えて溶かす。
❸ 粗熱が取れたらディスペンサーに入れ、冷やしておいたオリーブ油に1滴ずつ落として粒状に固める。シノワで漉す。

盛りつける

❶ 皿にポーピエットをのせ、上面に純りんご酢のキャビアを盛る。
❷ 薄切りにしたカラスミ、ディルで飾る。

クリームチーズ

材料

- 低温殺菌牛乳 …… 500mℓ
- 47％生クリーム …… 92mℓ
- ヨーグルト …… 50g
- クエン酸 …… 2g
- レンネット …… 0.08g
- 塩 …… 4.6g

作り方

❶ 牛乳、生クリーム、ヨーグルトを弱火でゆっくり混ぜながら40℃まで温める。
❷ クエン酸、レンネットを加え、よく混ぜ合わせる。
❸ ふたをして32℃の保温庫で3時間発酵させる。
❹ さらしを敷いたザルで漉し、絞ってクリームチーズとホエーに分ける。

発酵純りんご酢

材料

- 無農薬りんご …… 5個

作り方

❶ ジューサーでりんご果汁を絞る。
❷ 瓶に入れてふたをし、26℃で5〜7日発酵させる。3日に1度かき混ぜる。
❸ アルコール発酵が済んだら、ふたを開けてさらしで上面を覆い、さらに常温で3〜6か月発酵させる。アルコールが抜け、まろやかな酸味になったら完成。紙漉しして使う。

発酵信州サーモンのスナック

Cofuku　赤木 渉

カラー写真は54ページ

材料（20人前）

ホースラディッシュ・スノーパウダー
- ホースラディッシュ …… 適宜
- ナタネ油 …… 適宜
- マルトセック …… 適宜

発酵信州サーモンのフィレ …… 2枚

バターミルクジェル（出来上がりは約650g）
- 牛乳 …… 200mℓ
- 板ゼラチン …… 15g
- バターミルク …… 450mℓ
- 塩 …… 適宜

作り方

ホースラディッシュ・スノーパウダーを作る

❶ ホースラディッシュをすりおろし、ホースラディッシュに対して5倍量のナタネ油を混ぜ合わせる。

❷ 真空にかけ、70℃の湯煎で1時間半加熱する。

❸ 紙漉しし、マルトセックを加えて粉状にする。

発酵信州サーモンの雪玉を作って仕上げる

❶ サーモンを2.5㎜角に切り分け、角を落として丸く成形する。

❷ 牛乳を沸騰直前まで温め、水でふやかしたゼラチンを加えて溶かす。

❸ 冷たいバターミルクに②を加え、塩で味を調える。40〜45℃に温めておく。

❹ 液体窒素をボウルに入れ、串に刺したサーモンをくぐらせて表面を凍らせる。

❺ サーモンを③にくぐらせて表面を覆う。

❻ ④、⑤の作業を2〜3回くり返し、バターミルクジェルを厚めにまとわせる。

❼ 木箱に塩を敷き詰めて枝を飾り、発酵信州サーモンの雪玉を盛りつける。ホースラディッシュ・スノーパウダーを木製スプーンで別に供する。

発酵信州サーモン

材料
- 信州サーモン …… 200g
- 塩 …… 6g
- グラニュー糖 …… 2g
- ディル …… 適宜

作り方

❶ サーモンのフィレに塩とグラニュー糖を3:1の割合でもみ込む。

❷ ディルを散らし、冷蔵庫で1日マリネする。

❸ 表面をさっと洗い流して水分を拭き取り、冷蔵庫で約1週間寝かせる。

琵琶マス鮓

aeg　辻村直子

カラー写真は62ページ

材料（4人前）

琵琶マスのマリネ

- 琵琶マス …… 1尾
- 塩、グラニュー糖 …… 各適宜

酢飯

- 赤酢 …… 40㎖
- グラニュー糖 …… 0.5g
- 塩 …… 0.6g
- 白米 …… 1合

わさびムース

- わさび …… 1g
- 1番だし …… 200㎖
- 36％生クリーム …… 少々
- レシチン …… 適宜

ニシンの酢漬け …… 適宜

イクラ …… 適宜

キャビア …… 適宜

ディル、葉山椒、紫芽 …… 各適宜

エディブルフラワー …… 適宜

作り方

琵琶マスのマリネを作る

❶ 琵琶マスはうろこを取って3枚におろし、骨を抜く。

❷ 塩、グラニュー糖をまんべんなくふり、半日以上冷蔵庫で寝かせる。

酢飯を作る

❶ 赤酢、グラニュー糖、塩で合わせ酢を作る。

❷ 炊き上がった白米に、熱いうちに合わせ酢をまわしかける。

❸ 粘りが出ないようにご飯を切るように混ぜる。さましておく。

わさびムースを作る

❶ すりおろしたわさびに、だしと生クリーム、レシチンを混ぜ合わせる。

盛りつける

❶ 器に酢飯を詰める。

❷ 琵琶マスは表面を洗い流し、水分を拭き取って薄くスライスし、①の上面全体に並べる。

❸ 水気を拭き取って1㎝角に切ったニシンの酢漬け、イクラ、キャビアをちりばめる。

❹ 葉類とエディブルフラワーの花びらを散らし、わさびムースを絞って飾る。

ニシンの酢漬け

材料

- ニシン …… 20〜24尾
- 塩 …… 適宜
- 玉ねぎ …… 2個
- 白ワインヴィネガー …… 100㎖
- 水 …… 70㎖
- グラニュー糖 …… 30g
- 黒こしょう …… 適宜
- ローリエ …… 適宜
- コリアンダー …… 適宜
- 前回の酢漬け液 ……マリネ液100㎖に対し、30㎖

作り方

❶ ニシンはうろこを取って3枚におろし、塩を強めにまぶす。ラップをし、冷蔵庫で3日寝かせる。

❷ 流水で塩抜きし、水分を拭き取る。

❸ 玉ねぎは皮をむいて薄切りにする。

❹ ニシンと塩、前回の酢漬け液以外の材料を混ぜ合わせてマリネ液を作り、沸騰させ、さます。

❺ マリネ液にニシンを漬け込む。冷蔵庫で1か月以上発酵させる。前回の漬け汁を加えると発酵が早まる。液状化してきたものは魚醤として使うとよい。

カラー写真は60ページ

❺ ④の液体を250mℓ取り、160mℓになるまで煮詰める。水で溶いた葛粉を加えてとろみをつけ、さます。
❻ 直径2.5cmの半球型に流し、冷凍庫で固める。
❼ 200mℓの水をわかし、ベジタブルゼラチン10gを加えて溶かす。
❽ ⑥を型からはずし、ベジタブルゼラチンに2〜3回くぐらせて固める。

冷凍卵黄を作る

❶ うずらの卵を冷凍庫に入れて一晩凍らせる。
❷ 常温に戻し、溶けたら卵黄だけを取り出す。

鹿肉を火入れする

❶ 鹿肉と、鹿肉が漬かる程度のオリーブ油を真空袋に入れて真空にかける。
❷ 52℃のコンベクションオーブンで芯温が52℃になるまで加熱する。
❸ 袋から取り出し、熱したフライパンで表面に焼き色をつける。
❹ バットにのせて粗熱を取り、冷蔵庫で冷やす。
❺ 外側を切り落とし、中心のロゼ色部分を5mm角に切る。

玉ねぎのシュエとセミドライトマトを作る

❶ 鍋にオリーブ油を敷き、薄切りにした玉ねぎを加えて軽く塩をふり、色づけないように注意しながら甘味が出るまでよく炒める。粗熱を取り、冷やす。
❷ トマトを湯むきし、一口大に切る。
❸ 塩を軽くふり、ガス台の上で1日ほど乾燥させる。

盛りつける

❶ パイの大きさに合わせてカダイフを丸め、150℃のオーブンできつね色になるまで約10分焼く。
❷ パイの上にどんぐりクリームを塗り、冷凍卵黄、カダイフを順にのせる。
❸ 玉ねぎのシュエ、細かく切ったセミドライトマト、低温調理した鹿肉を盛りつけ、鹿節のスープをのせる。
❹ 薄切りにしたたけのこの水煮を全体に張りつける。
❺ハコベと菜の花を飾り、鹿肉の奈良漬け節をスライサーで削ってのせる。

鹿肉の奈良漬け節

材料

骨つき鹿バラ肉	500g
酒粕	500g
塩	80g
和三盆	99g
日本酒	55mℓ
グラニュー糖	適宜

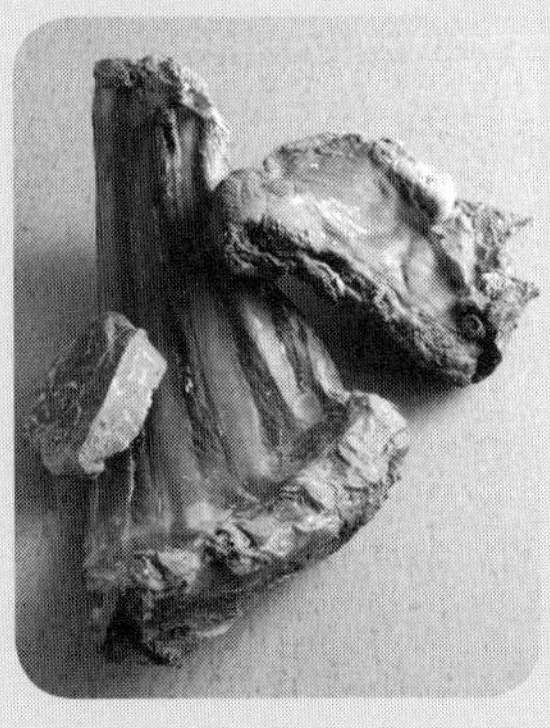

作り方

❶ 酒粕、塩、和三盆、日本酒をボウルに入れ、全体がなじむまでよく混ぜ合わせる。
❷ 鹿肉に①をまんべんなく塗って全体をしっかり覆い、冷蔵庫で1〜2週間漬ける。
❸ 奈良漬のような香りがしっかりついたら取り出して酒粕を取り除き、水で洗って水分をよく拭き取る。
❹ 桜のチップとグラニュー糖をスモークマシーンに入れ、鹿肉を入れて火にかける。
❺ 煙が出たら弱火にし、30分燻製する。
❻ 取り出して脱水シートで包み、2日間冷蔵庫で寝かせる。2日ごとにシートをかえながら、合計10日脱水する。
❼ シートをはがして網にのせ、冷蔵庫で3か月熟成させる。

鹿節

Restaurant Air　山本英男

材料（50人前）

フィユタージュ・アンヴェルセ
（出来上がりは約1.6kg）

- 無塩バター（折り込み用）…… 540g
- 強力粉（折り込み用）…… 220g
- 無塩バター …… 160g
- 薄力粉 …… 250g
- 強力粉 …… 250g
- 塩 …… 25g
- 冷水 …… 160g
- 白ワインヴィネガー …… 3.5g

どんぐりクリーム

- どんぐり …… 300g
- 重曹 …… 適宜
- 無塩バター …… 30g
- グラニュー糖 …… 50g
- 塩 …… 1.5g
- フォン・ド・ヴォライユ …… 800mℓ
- 無塩バター（ベシャメルソース用）…… 20g
- 薄力粉 …… 20g
- 牛乳 …… 200mℓ
- 塩、白こしょう …… 各適宜

鹿節のスープ

- 玉ねぎ …… 2個
- 鹿肉の奈良漬け節 …… 500g
- 水 …… 適宜
- トマト …… 1個
- 本葛粉 …… 適宜
- ベジタブルゼラチン …… 10g

- うずら卵 …… 50個
- 鹿内もも肉 …… 600g
- ピュア・オリーブ油 …… 適宜
- 玉ねぎ …… 適宜
- 塩 …… 適宜
- トマト …… 適宜
- カダイフ …… 適宜
- たけのこの水煮 …… 適宜
- ハコベ、菜の花 …… 各適宜
- 鹿肉の奈良漬け節 …… 適宜

＊たけのこは米糠、唐辛子と一緒に柔らかく煮てアク抜きし、水煮にしておく。

作り方

フィユタージュ・アンヴェルセを作る

❶ 折り込み用のブールファリーヌを作る。室温で戻したバターをビーターでまわし、均一な固さに練る。

❷ 強力粉を加え、粉っぽさがなくなるまで混ぜ合わせる。正方形に成形してラップに包み、冷蔵庫で一晩休ませる。

❸ デトランプを作る。バターを1cm角に切り、冷蔵庫で締める。

❹ 薄力粉、強力粉、塩、バターをビーターですり合わせる。

❺ バターのかたまりがなくなったら、冷水と白ワインヴィネガーを一気に加え、粉っぽさがなくなるまで混ぜ合わせる。

❻ ビーターをはずし、グルテンが出るまで手でよくこねる。

❼ ひとまとめにして丸め、十字に切り込みを入れて外側に広げ、正方形に成形する。ラップで包み、冷蔵庫で一晩休ませる。

❽ ブールファリーヌをデトランプより2まわり大きく伸ばし、デトランプをのせて四隅を折りたたみ、デトランプを包む。

❾ 麺棒で4倍の長さに伸ばし、4つ折りにする。

❿ 90度向きをかえて、再度4倍の長さに伸ばし、4つ折りにする。

⓫ ラップで包み、冷蔵庫で半日寝かせる。

⓬ 同様に4つ折りを2回したら冷蔵庫で一晩休ませる。

⓭ 5mm厚さに伸ばして全体にピケローラーで穴を開け、直径5.5cmの丸抜き型で抜く。

⓮ クッキングシートに並べ、冷蔵庫で生地を締める。

⓯ 165℃のコンベクションオーブンで40分焼く。10分程度焼いたら途中で生地の浮き具合を確認し、厚さ1cm程度になるように重しをのせ、浮きを押さえながら焼き上げる。

どんぐりクリームを作る

❶ 鍋に殻つきのどんぐりを入れ、かぶる程度の水を注ぎ、中火にかける。沸騰してから2分おき、氷水に落とし、さめたら殻をはずす。

❷ 1ℓの水にどんぐりを入れ、沸騰したら重曹4gを加えて10分ゆでる。

❸ 水を捨て、今度は重曹を加えずに水から1時間ゆでる。

❹ 再度重曹4gを加えた湯で10分ゆで、その後重曹なしで1時間ゆでる。この作業をアクが抜けるまで繰り返す。どんぐりの種類にもよるが、クヌギの場合は10〜12時間かかる。

❺ 鍋にバター30gを入れて溶かし、④を加え、グラニュー糖、塩を加えてキャラメリゼする。

❻ フォン・ド・ヴォライユを加えてミキサーがまわるギリギリの水分量になるまで煮込む。

❼ ミキサーでまわし、なめらかなピュレにする。

❽ 温かいうちに細かいタミで裏漉す。

❾ ベシャメルソースを作る。鍋にバター20gを入れて溶かし、薄力粉を加えて焦がさないように木べらで炒める。

❿ 牛乳を数回に分けて加え、ダマができないように混ぜ合わせる。

⓫ どんぐりのピュレとベシャメルソースを同割で混ぜ合わせ、塩、こしょうで味を調える。

鹿節のスープを作る

❶ 玉ねぎの皮をむき、十字に切り込みを入れる。

❷ 鍋に鹿肉の奈良漬け節、玉ねぎを入れ、全体がかぶるまで水を注ぎ、沸騰させる。

❸ わいたらアクを取り、半割にしたトマトを加え、弱火で8時間半煮込む。

❹ ザルで漉し、シノワで再度漉す。

猪の糠漬けミルフィーユ

à nu, retrouvez-vous　下野昌平

カラー写真は56ページ

材料（20人前）
糠漬け猪のもも肉（前足）………… 1本
ピュア・オリーブ油……………… 適宜
根セロリ………………………… 3個
ブイヨン・ド・ヴォライユ……… 適宜
白味噌入り菊いもソース
　菊いも……………………… 200g
　牛乳………………………… 200mℓ
　白味噌……………………… 適宜
ゆず味噌
　アーモンド………………… 10g
　白味噌……………………… 30g
　ゆず汁……………………… 10mℓ
　水…………………………… 20mℓ
　ディジョンマスタード……… 5g
芽ねぎ…………………………… 適宜

作り方

猪の糠漬けミルフィーユを作る

❶ オリーブ油を敷いたフライパンで、猪肉を骨つきのまま表面に焼き色がつくまで焼く。
❷ 200℃のオーブンに3分入れては取り出して3分休ませる。これを30分ほどくり返し、中心がロゼ色になるまで焼く。
❸ 完全にさめたら、3㎜厚さにスライスする。
❹ 根セロリは皮をむき、3㎜厚さにスライスする。
❺ 塩を入れた湯で下ゆでし、氷水にさらす。水気をよく拭き取る。
❻ 猪肉と根セロリを交互に重ねる。このとき、はがれないようにブイヨン・ド・ヴォライユを塗ってから重ねる。

白味噌入り菊いもソースを作る

❶ 菊いもは皮をむき、牛乳で柔らかくなるまでゆでる。
❷ 牛乳ごとミキサーでまわし、白味噌を加えて味を調える。

ゆず味噌を作る

❶ アーモンドを180℃のオーブンでローストする。
❷ すべての材料をミキサーでまわしてピュレにする。

仕上げる

❶ 皿に猪の糠漬けミルフィーユを盛りつけ、芽ねぎを飾る。
❷ 白味噌入り菊いもソースを数か所にのせ、ゆず味噌を添える。

糠漬け猪もも肉

材料
米糠……………………… 1.5kg
塩………………………… 300g
水………………………… 2ℓ
昆布、唐辛子、野菜のくず…… 各適宜
猪もも肉（前足）……………… 1本

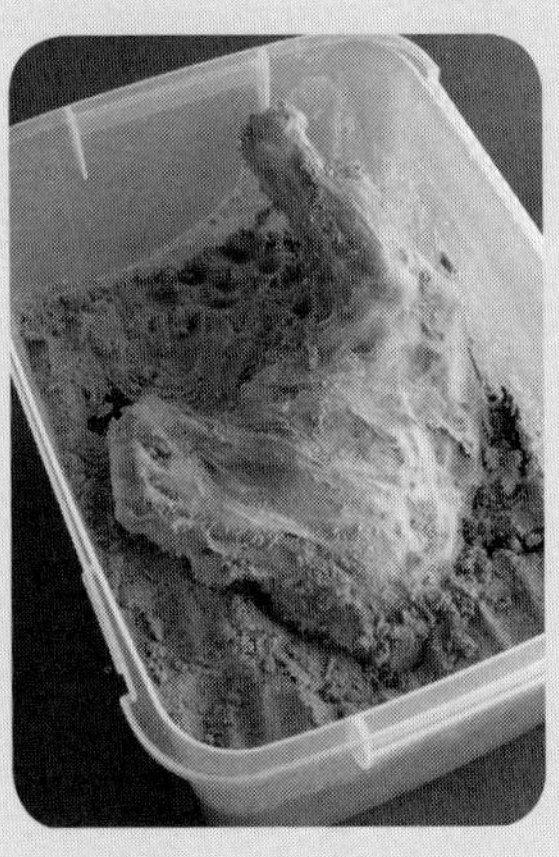

作り方
❶ 湯をわかして塩を溶かし、さます。
❷ 米糠に①を加えてよく混ぜ合わせ、昆布、唐辛子を加えて常温におく。
❸ 1日2〜3回かき混ぜる。野菜のくずを捨て漬けとして使う。3〜4日で糠床が完成。
❹ 猪もも肉を糠床に埋め、1週間漬け込む。この間も毎日かき混ぜること。

ヤイトハタ　糠漬け　シャンパン

le sputnik　高橋　雄二郎

カラー写真は58ページ

材料（4人前）
洋風糠床 ………………………… 適宜
ヤイトハタ ……………………… 300g
ヤイトハタの肝 ………………… 1尾分
エシャレット …………………… 4本
ピュア・オリーブ油 …………… 適宜

作り方
❶ ヤイトハタは頭と内臓がついた状態で紙に包み、毎日紙をかえながら冷蔵庫で3日熟成させる。
❷ 頭を落とし、内臓を取り除き、同様の方法でさらに10日熟成させる。
❸ 3枚におろし、300gずつに切り分ける。
❹ 糠床で全面を覆い、真空にかけて常温（25〜30℃）で1日漬ける。
❺ 肝は新鮮なものを使い、糠床に1日漬ける。エシャレットも1日漬ける。それぞれ別に漬けること。
❻ ヤイトハタの身を取り出して糠床を拭き取り、4等分する。グリヤードで両面に焼き色をつける。
❼ 肝、エシャレットは、オリーブ油を敷いたフライパンでそれぞれ香ばしく焼く。
❽ 肝を4等分し、身と肝を皿に盛りつける。エシャロットを添えて仕上げる。

洋風糠床

材料
米糠 ………………………… 適宜
塩 ……………… 米糠重量の8％量
シャンパン、白ワイン …… 各適宜
鷹の爪 ……………………… 2〜3本
実山椒、ゆず皮 …………… 各適宜
捨て漬け用野菜（にんじん、玉ねぎ、きゅうり、セロリ、マッシュルーム、ハーブ）………………… 適宜

作り方
❶ 米糠と塩をよく混ぜ合わせ、シャンパンと白ワインを加えて耳たぶ程度の柔らかさに練る。鷹の爪、実山椒、ゆず皮を混ぜ合わせる。
❷ 捨て漬け用の野菜を塩もみして糠床に埋め、1週間漬ける。1日1回かき混ぜる。
❸ 野菜を取り出し、新たに捨て漬け用の野菜を漬ける。これを1か月繰り返して完成。

パン床

材料
パン ……………………………… 適宜
塩 ……………… パン重量の8％量
シャンパンまたはビール … 各適宜
捨て漬け用野菜（にんじん、玉ねぎ、きゅうり、セロリ、マッシュルーム、ハーブ）……………………… 適宜

作り方
❶ パンの半量は手で1㎝程度の大きさにちぎり、半量はミキサーでパン粉にする。
❷ ①と塩をよく混ぜ合わせ、シャンパンかビールを加えて耳たぶ程度の柔らかさに練る。
❸ 常温（25〜30℃）で1週間おき、パン床を発酵させる。1日1回かき混ぜる。
❹ 捨て漬け用の野菜を塩もみしてパン床に埋め、1週間漬ける。1日1回かき混ぜる。
❺ 野菜を取り出し、新たに捨て漬け用の野菜を漬ける。これを1か月繰り返して完成。水分が多くなってきたときは、パン粉を加えて固さを調節しながら使う。

発酵バターとライ麦パン

aeg　辻村直子

カラー写真は65ページ

材料

発酵バター

- 42％生クリーム……1ℓ
- 自家製ヨーグルト……300mℓ
- 蜂蜜（百花蜜、滋賀県産）……ひとたらし

ライ麦パン（4個分）

- ライ麦粉……50g
- 強力粉……75g
- 薄力粉……75g
- 塩……4g
- 自家製サワー種……200mℓ
- キャラウェイ……ひとつまみ

＊自家製サワー種は、デンマークのパン屋で60年使い続けているものを、継ぎ足しながら使い続けている。

作り方

発酵バターを作る

❶ 生クリームとヨーグルトを混ぜ合わせ、室温に1日おいて発酵させる。
❷ ミキサーで攪拌して乳脂肪分と水分とに分離させる。
❸ さらしを敷いたシノワで漉してよく絞る。水分はバターミルクとして料理に使用する。
❹ キッチンペーパーで包み、冷蔵庫で一晩おいて水分をよく抜く。
❺ 蜂蜜をたらして混ぜ合わせる。
❻ ココットに詰めて上面を平らにならし、冷蔵庫で固める。

ライ麦パンを作る

❶ 粉類と塩をボウルに入れて混ぜ、中心にくぼみを作る。
❷ くぼみにサワー種を少しずつ加えて混ぜ合わせ、生地をまとめる。キャラウェイを加え、10分程度こね、生地を丸める。
❸ 乾かないようにビニール袋をかぶせ、常温で20分かけて1次発酵させる。
❹ パンチングして空気を抜いて再度丸め、4個に分けて丸める。ビニール袋をかぶせ、常温より少し暖かいところで、20分かけて2次発酵させる。
❺ 180℃のオーブンで13分焼く。

のどぐろのバターミルクソース

aeg　辻村直子

カラー写真は67ページ

材料（4人前）

バターミルクソース
- バターミルク……200㎖
- だし……200㎖

ディルオイル
- ピュア・オリーブ油……200㎖
- ディル……1パック

のどぐろ……1尾
塩……適宜
洋ねぎ……適宜
のどぐろのブイヨン……適宜
菜の花……適宜
サラダ油……適宜
キャビア……適宜

＊だしは、鯛のアラと昆布から煮出したもの。

作り方

バターミルクソースを作る

❶ 材料を混ぜ合わせる。

ディルオイルを作る

❶ 材料をミキサーでまわし、布漉しする。

のどぐろを焼いて仕上げる

❶ のどぐろはうろこを取り、3枚におろし、4等分に切り分ける。うろこも使用するので取っておく。
❷ 軽く塩をして、身を60℃のスチームコンベクションで5分蒸す。取り出して皮面をバーナーで香ばしく炙る。
❸ 洋ねぎは細切りにし、のどぐろのブイヨンで食感が残る程度に軽く煮る。
❹ 菜の花はさっと塩ゆでして水気を切り、表面をバーナーで軽く炙る。
❺ うろこは180℃のサラダ油で素揚げする。
❻ 皿にバターミルクソースを流し、野菜とのどぐろを盛りつける。キャビアを魚の上にのせる。
❼ ディルオイルをソースにたらし、素揚げしたうろこを散らす。

フォワグラ 味噌漬け

à nu, retrouvez-vous　**下野昌平**

カラー写真は70ページ

材料（3人前）

フォワグラ味噌漬け

鴨フォワグラ	120g
ひしお	40g
自家製味噌	40g

黒豆味噌チップ

凝縮黒豆味噌	20g
水	100g

サバイヨン・ソース

卵黄	60g
ブイヨン・ド・ヴォライユ	60mℓ
無塩バター	50g

味噌パウダー	適宜

＊凝縮黒豆味噌とは、黒豆味噌を3年間壷の中で寝かせたもの。
＊味噌パウダーは、自家製味噌を3年間壷の中で寝かせて味を凝縮させ、薄く伸ばして乾燥させ、ミルサーで粉状にしたもの。

作り方

フォワグラ味噌漬けを作る

❶ 筋を取り除いたフォワグラを40gずつに切り分ける。

❷ ひしおと味噌を混ぜ合わせ、フォワグラと一緒に真空にかけ、1日マリネする。

黒豆味噌チップを作る

❶ 材料をミキサーでピュレ状にし、クッキングシートに薄く伸ばす。

❷ 80℃のコンベクションオーブンで6時間乾燥させる。

サバイヨン・ソース

❶ 卵黄とブイヨンをボウルで混ぜ合わせ、湯煎にかけながらもったりするまで泡立て器で攪拌する。

❷ 溶かしバターを少しずつ加えて乳化させる。

仕上げる

❶ 味噌漬けにしたフォワグラを、焦げないように注意しながら弱火のフライパンで両面を香ばしく焼く。

❷ 器にサバイヨン・ソースを盛り、フォワグラを盛りつける。

❸ 味噌チップを適当な大きさに割って皿に飾り、味噌パウダーをふって仕上げる。

ひしお

材料

麦麹	500g
豆麹	500g
醤油	1.2ℓ
水	300mℓ
乾燥昆布	1枚

作り方

❶ すべての材料をポットに入れて混ぜ合わせ、55℃の保温器に入れる。

❷ 朝、夕と1日2回かき混ぜ、2週間発酵させる。

黄かぶの塩釜焼き ベルガモットゆべしのソース

Sublime　加藤順一

カラー写真は72ページ

材料（5人前）

ベルガモットゆべし……½個
水……適宜
黄かぶ……1個
わかめ……適宜
塩釜
　塩……330g
　卵白……1個分
ベルガモットゆべしソース
　1番だし……100㎖
　ベルガモットゆべし……¼個
黄かぶ……適宜
ベルガモットゆべし……適宜
木の芽……適宜

＊1番だしは、昆布とかつおで取った合わせだし。

作り方

黄かぶを塩釜焼きにする

❶ ミキサーにベルガモットゆべしと少量の水を入れてまわし、ペースト状にする。
❷ 黄かぶに①を塗り込む。
❸ わかめで全体を覆う。
❹ 塩と卵白をよく練り合わせて塩釜を作り、③を覆う。
❺ 200℃のオーブンで1時間焼く。

ベルガモットゆべしソースを作る

❶ 温かい1番だしに刻んだゆべしを入れ、ミキサーでまわす。裏漉す。

仕上げる

❶ 塩釜を砕いて黄かぶを取り出し、わかめを取る。
❷ 1㎝厚さに輪切りして皿にのせる。
❸ 生の黄かぶを薄切りし、直径2㎝の丸抜き型で抜く。
❹ 薄切りにしたベルガモットゆべし、③、木の芽を②の上に飾り、ソースをかけて仕上げる。

ベルガモットゆべし

材料

ベルガモット……3個
八丁味噌……適宜
白甘味噌……適宜
上白糖……適宜
みりん……適宜

作り方

❶ ベルガモットの上部を切って果肉をくり抜き、果汁を絞る。
❷ 八丁味噌40g、白甘味噌20g、上白糖15g、みりん15㎖、ベルガモット果汁100㎖を混ぜ合わせる。
❸ ベルガモットの皮に合わせ味噌を詰め、切った上部をかぶせる。90℃のスチームコンベクションで1時間蒸す。
❹ ②と同じ比率で、10倍量の合わせ味噌を作る。ただし、ベルガモット果汁は加えない。
❺ 蒸したベルガモットを合わせ味噌の中に埋め込み、常温で1年漬け込む。
❻ 取り出してまわりの味噌をふき取り、常温で1週間以上乾燥させたら完成。

石垣牛と黒麹

à nu, retrouvez-vous　下野昌平

カラー写真は74ページ

材料（20人前）

牛内臓煮込み

- 石垣牛内臓（センマイ、レバー、ハチノス、アカセン）……合わせて1kg
- 玉ねぎ……1個
- にんじん……1本
- セロリ……1本
- にんにく……2株
- ピュア・オリーブ油……適宜
- マデラ酒……750mℓ
- ブイヨン・ド・ヴォライユ……3mℓ
- ひしお（132ページ参照）……適量

牛ランプ肉……400g

ほうれん草……適宜

スイートセロリ……適宜

黒麹ソース……適宜

作り方

牛内臓煮込みを作る

❶ 内臓は汚れを洗って取り除き、ゆでこぼす。

❷ 玉ねぎ、にんじん、セロリは皮をむいてざく切りにし、にんにくは横半分に切る。オリーブ油を入れた鍋で甘味が出るまで炒める。

❸ マデラ酒を加え、アルコールを飛ばしながら、$^{1}/_{10}$量になるまで煮詰める。

❹ ブイヨン・ド・ヴォライユと内臓を加え、沸騰させる。

❺ アクを取り除き、蓋をして200℃のオーブンで3時間煮込む。

❻ オーブンから出して鍋ごとさまし、内臓を取り出し、液体をシノワで漉す。

❼ 内臓を1cm角程度に刻み、液体に戻す。水分がなくなるまで煮詰める。

❽ 水分がほぼなくなったらひしおで味を調える。

仕上げる

❶ ランプ肉は200℃のオーブンに3分入れ、取り出して3分休ませる。これを30分ほど繰り返し、中心がロゼ色になるまで焼く。

❷ ほうれん草をゆで、ミキサーがまわる程度のゆで汁と一緒にまわしてピュレにする。

❸ ランプ肉を2mm厚さにスライスし、3枚を重ねて並べ、牛内臓煮込みとスイートセロリを巻く。

❹ 皿にほうれん草ピュレを刷毛で塗り、③をのせる。黒麹ソースを流して仕上げる。

黒麹ソース

材料

黒麹菌

湯

作り方

❶ 黒麹を入れたポットに60℃に温めた湯を黒麹と同量注ぎ、混ぜる。

❷ 55℃の保温器に入れ、1日発酵させる。

❸ バーミックスでなめらかなピュレ状にする。

にんじんと米麹のフローズンエア 金柑のクーリー

ザ・プリンス パークタワー東京　レストラン ブリーズヴェール　**桂 有紀乃**

カラー写真は76ページ

材料（15人前）

にんじんと米麹のフローズンエア
（3.5cm×9cm、高さ4cmの型15個分）

- にんじん …… 1kg
- ミネラルウォーター …… 320mℓ
- 生米麹 …… 240g
- シュクロ …… 13g

金柑のクーリー

- トマト …… 4個
- フルール・ド・セル …… 適宜
- 金柑 …… 250g
- グラニュー糖 …… 7g
- ローズマリー …… 1/5枝

オレンジ皮、ライム皮 …… 各適宜

＊シュクロは、Texturas製（スペイン）の乳化剤。

作り方

にんじんと米麹のフローズンエアを作る

❶ にんじんをよく洗い、皮つきのまま一口大に切る。
❷ ジューサーでジュースを絞り出す。
❸ にんじんジュース430mℓにミネラルウォーターを加え、鍋で50℃まで温める。
❹ 炊飯器にほぐした米麹を入れ、③を加えてよく混ぜ合わせる。
❺ 保温機能を使い、10時間保温する。途中何度かふたを開けて混ぜ、常に50～58℃を保つ。
❻ 深い鍋に移し、シュクロを加える。60℃以下で温めながらバーミックスで泡立てる。
❼ 泡だけを茶漉しですくい、クッキングシートを敷いた型に入れる。
❽ －30℃のショックフリーザーで泡を瞬間冷凍する。

金柑のクーリーを作る

❶ トマトのヘタを取り、8等分のカルチェに切る。トマトの重量に対して1%のフルール・ド・セルをもみ込み、冷蔵庫で2時間寝かせる。
❷ ミキサーでピュレ状にし、コーヒーフィルターで漉して透明の液体を取る。
❸ 金柑は半割にし、種を取り出す。
❹ グラニュー糖をまぶしてよくもみ込み、冷蔵庫で1時間なじませる。
❺ 鍋に③、④を入れて落としぶたをし、ローズマリーをのせる。
❻ 弱火でふつふつとわかしながら30分煮る。
❼ ローズマリーごとミキサーでなめらかなクーリーにし、シノワで漉す。

オレンジとライムのパウダーを作って仕上げる

❶ オレンジ皮とライム皮をそれぞれ白い部分を取り除き、フードドライヤーで乾かす。
❷ ミルサーでパウダーにし、目の細かいシノワで皿にふるう。
❸ 皿に金柑のクーリーを刷毛で塗る。
❹ にんじんと米麹のフローズンエアーを型から取り出してのせ、オレンジとライムのパウダーをふりかける。非常に溶けやすいので、盛りつけたらすぐに供する。

アボカドよう パンデピス オリーブオイルとカカオのグラサージュ

ザ・プリンス パークタワー東京　レストラン ブリーズヴェール　桂 有紀乃

カラー写真は78ページ

材料（20個分）

パンデピス（8.5cm×32cm、高さ9cmのパウンド型1本分）
- 薄力粉 …… 254g
- ベーキングパウダー …… 5.8g
- シナモンパウダー …… 4.3g
- キャトルエピス …… 4.8g
- ジンジャーパウダー …… 2g
- カソナード …… 254g
- 全卵 …… 225g
- 卵黄 …… 85g
- 無塩バター …… 254g
- 蜂蜜 …… 168g
- 無塩バター（型用）…… 適宜

ココナッツとチアシードのチュイル
- ココナッツミルク …… 400g
- 葛粉 …… 50g
- チアシード …… 25g

オリーブ油とカカオのグラサージュ
- 豆乳（成分無調整）…… 235g
- ピュア・オリーブ油 …… 114g
- グルコースシロップ …… 78g
- グラニュー糖 …… 120g
- 葛粉 …… 20g
- カカオパウダー …… 96g
- グラニュー糖 …… 50g
- アガー …… 4g

アボカドよう …… 420g

ミントの葉 …… 適宜

作り方

パンデピスを焼く

❶ 粉類はすべて合わせてふるう。

❷ カソナードと全卵、卵黄をバーミックスで白くボリュームが出るまで泡立てる。

❸ ふるった粉類を加えて混ぜ合わせる。

❹ バターと蜂蜜を弱火で溶かし、③に加えて混ぜ合わせる。

❺ バターを塗ったパウンド型に生地を流し入れる。210℃のオーブンで5分焼き、前後の向きを入れかえ、もう5分焼く。

❻ 160℃に下げ、20分焼く。向きを入れかえ、もう20分焼く。

❼ 型からはずし、完全にさます。

ココナッツとチアシードのチュイルを作る

❶ すべての材料をポットに入れ、バーミックスで葛粉が完全に溶けるまで混ぜ合わせる。

❷ 冷蔵庫で20分寝かせる。

❸ シルパットに生地を薄く伸ばし、150℃のオーブンで焼き色がつくまで約20分焼く。

オリーブ油とカカオのグラサージュを作る

❶ 豆乳とオリーブ油を弱火にかけて人肌程度まで温める。

❷ 火を止めて、グルコースシロップ、グラニュー糖120g、葛粉を加える。バーミックスでよく混ぜ合わせる。カカオパウダーを加え、よく混ぜる。

❸ グラニュー糖50gとアガーを混ぜ合わせて②に加え、弱火にかける。

❹ ふつふつとわいたら火からはずし、目の細かいシノワで漉す。

盛りつけ

❶ アボカドようを豆腐用の型に重ねて入れる。

❷ 3mm厚さにスライスしたパンデピスをのせ、軽く押して平らにする。

❸ 型から取り出し、2cm角に切り、冷凍庫で冷やし固める。

❹ オリーブ油とカカオのグラサージュを上からかけて表面を覆い、室温において固める。

❺ ココナッツとチアシードのチュイルを適当に割り、④に飾る。ミントの葉を飾る。

アボカドよう

材料
- 発芽玄米麹 …… 300g
- 泡盛（アルコール度数が43％のもの）…… 500g
- パイナップル（皮と芯つきのまま）…… 400g
- アボカド …… 2個
- 塩 …… 2g

作り方

❶ 発芽玄米麹と泡盛を混ぜ合わせ、密封容器に入れる。室温で2日間発酵させる。

❷ ミキサーでピュレ状にする。

❸ パイナップルを皮ごとおろし金ですりおろす。

❹ アボカドを縦に半割りにし、種を取り、皮をむく。

❺ アボカドに塩をもみ込み、おろしパイナップルに漬ける。空気に触れないように密封し、室温で24時間漬ける。

❻ アボカドを取り出して拭き取り、②に漬け込む。毎日取り出して漬かり具合を確認し、15℃で10〜14日漬ける。アルコールがある程度抜け、角がとれてまろやかな味になったら食べごろ。

ラングスティーヌ ココナッツのラビオリ アボカドようバター 甲殻類のコンソメ

ザ・プリンスパークタワー東京　レストラン ブリーズヴェール　桂 有紀乃

カラー写真は80ページ

材料（4人前）

ココナッツのラビオリ生地
（出来上がりは約800g）

- ココナッツ油 …… 100mℓ
- 水 …… 200mℓ
- 強力粉 …… 500g

アボカドようバター
（出来上がりは400g）

- アボカドよう …… 300g
- 無塩バター …… 100g

根セロリのピュレ

- 根セロリ …… 200g
- 牛乳 …… 50mℓ
- 水、塩、白こしょう …… 各適宜

ラングスティーヌ …… 4尾
塩、白こしょう …… 各適宜
エストラゴンの葉 …… 12枚
卵白 …… 少々
芽キャベツの葉 …… 8枚
海老のコライユパウダー …… 少々
コンソメ・ド・クリュスタッセ … 180mℓ

＊海老のコライユパウダーは、オマール海老、ラングスティーヌのコライユをスチームコンベクションで蒸し、ディッシュウォーマーで乾燥させ、目の細かい網で漉したもの。

作り方

ココナッツのラビオリ生地を作る

❶ ココナッツ油と水を小鍋に入れて一度沸騰させ、40℃までさます。
❷ ふるった強力粉に①を加え、よくグルテンが出るように手でこねる。
❸ ひとまとめにし、生地が乾かないようにラップをかぶせ、冷蔵庫で一晩寝かせる。
❹ 麺棒で5mm厚さに伸ばし、両側から折り畳んで3つ折りにし、パスタマシーンで2mm厚さに伸ばす。
❺ 再度3つ折りし、パスタマシーンで1mm厚さに伸ばす。10cm×13cmの長方形にカットする。

アボカドようバターを作る

❶ アボカドようとポマード状にしたバターをフードプロセッサーでなめらかになるまで混ぜ合わせる。
❷ 棒状に伸ばし、ラップで包んで冷蔵庫で固める。

根セロリのピュレを作る

❶ 根セロリの皮をむき、一口大の角切りにする。
❷ 鍋に牛乳と根セロリを入れ、全体が隠れる程度の水を注ぎ、塩を加えて落としぶたをする。
❸ 中火にかけ、根セロリが柔らかくなるまで煮る。
❹ 水分を切り、ミキサーでまわしてなめらかなピュレにする。
❺ シノワで漉し、塩、こしょうで味を調える。

組み立てる

❶ ラングスティーヌは頭と殻を取り除き、背わたを抜く。水気を拭き取り、塩、こしょうをふる。
❷ エストラゴンの葉を3枚のせる。
❸ ラビオリに卵白を薄く塗り、ラングスティーヌを包む。
❹ 軽くわいた湯で2〜2分半ゆで、ラングスティーヌをミキュイの状態に仕上げる。
❺ 芽キャベツは軽く塩ゆでする。
❻ 温めた根セロリのピュレを皿にのせる。
❼ ゆでたてのラビオリ、芽キャベツを盛りつける。皿のふちに海老のコライユパウダーを散らす。
❽ 鍋でコンソメ・クリュスタッセを温め、アボカドようバター50gを少しずつ加え、バーミックスで混ぜて乳化させる。
❾ クリーマーに⑧を入れ、客席で皿に注いで供する。

カラー写真は84ページ

フレーバーウォーターの泡を作る

❶ きゅうりとライムは薄切りする。レモングラスは2cm長さに切る。
❷ 縦長の容器にきゅうり、ライム、ハーブ類を詰め、ミネラルウォーターを注ぐ。6時間冷蔵庫に入れて香りを移す。
❸ 漉したら160mℓを取り、キサンタンガムと乾燥卵白を加えて混ぜ合わせ、水槽用のポンプで泡立てる。

綿あめを作る

❶ 白ザラ糖を綿あめ機にかけ、割り箸でふんわり巻きつける。

組み立てる

❶ フォワグラの球体に杏仁パウダーをまぶし、皿にのせる。
❷ フレーバーウォーターの泡と綿あめを盛りつける。
❸ バラ茶を添える。

バラ茶

材料
食用バラの花びら
（ダマスク、ミルラなど、
香り成分が強い品種）

作り方
❶ バラの花びらを揉捻する（よくもみ込む）。もみ込むことで細胞を壊し、酵素とポリフェノールを反応させやすくする。バットに平らに広げ、湿らせたキッチンペーパーをかぶせる。
❷ 28℃の保温器に水を張った容器を入れて湿度を上げ、①を入れる。
❸ 1時間おきに混ぜて様子を見ながら、4〜6時間発酵させる。混ぜたあとも重ならないように。
❹ 100℃のオーブンに5分ほど入れて発酵を止める。
❺ 取り出して完全に乾燥させる。

自家製ヨーグルトムースとすぐりのソース

aeg　辻村直子

カラー写真は86ページ

材料（10人前）

自家製ヨーグルトのムース
- 自家製ヨーグルト …… 1ℓ

牛乳アイス
- 牛乳 …… 500mℓ
- グラニュー糖 …… 50g

すぐりのソース
- 赤すぐり …… 1kg
- ミント …… 適宜
- グラニュー糖 …… 300g
- いちご、赤すぐり、ミントの葉、バラの花びら …… 各適宜

作り方

自家製ヨーグルトのムースを作る

❶ ヨーグルトをエスプーマに入れて亜酸化窒素ガスを充填する。
❷ エスプーマを絞り出してボウルに入れ、液体窒素を注いで細かな粒状に砕く。

牛乳アイスを作る

❶ 牛乳とグラニュー糖を温めて溶かし、完全にさます。
❷ 液体窒素を注ぎ、細かな粒状に砕く。

すぐりのソースを作る

鍋に材料をすべて入れ、弱火で煮崩れるまで煮込む。

盛りつけ

❶ 器に自家製ヨーグルトのムースと牛乳アイスを混ぜ合わせて盛る。
❷ すぐりのソースをかけ、適当な大きさに切ったいちご、赤すぐりを盛りつけ、ミントの葉を散らす。乾燥させたバラの花びらをほぐして飾る。

自家製ヨーグルト

材料
ジャージー牛乳（低温殺菌）
元種のヨーグルト

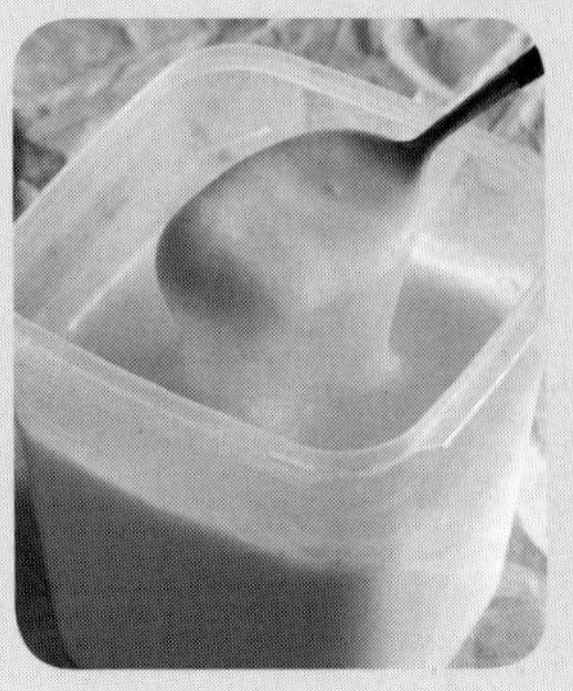

作り方
❶ 牛乳の分量に対して10％量のヨーグルトを加えてよく混ぜ合わせ、ふたをする。
❷ 室温（26〜28℃）で12時間以上発酵させる。

カビ菌に見立てて

Restaurant Air　山本英男

材料（20人前）

フォワグラ・テリーヌ（8㎝×25㎝、高さ8㎝のテリーヌ型1本分）

- 鴨フォワグラ……1.3kg
- 塩……16.9g
- グラニュー糖……3.9g
- ルビーポルト酒……52㎖
- マデラ酒……26㎖
- ブランデー（V.O）……13㎖
- ナツメグパウダー、白こしょう、カイエンヌペッパー……各適宜

発酵バラジャム……100g

杏仁パウダー

- 卵白……50g
- トレハロース……0.5g
- イナゲル……0.5g
- 杏仁霜……20g

フレーバーウォーターの泡

- きゅうり……19g
- ライム……10g
- レモングラス……1.6g
- レモンバーム……2g
- アップルミント……1.5g
- ミネラルウォーター……175㎖
- キサンタンガム、乾燥卵白……各0.6g

白ザラ糖……12g

バラ茶……適宜

＊鴨フォワグラは、筋、血管、薄皮などを取り除いた状態で1.3kg使用。
＊イナゲルは伊那食品工業製のゲル化剤。

作り方

フォワグラ・テリーヌを作る

❶ 掃除したフォワグラに塩とグラニュー糖をふって軽くなじませる。
❷ 酒類とスパイスを混ぜ合わせ、フォワグラにふりかけ、一晩マリネする。
❸ 常温に1時間おいて戻し、型に詰める。
❹ 70℃の湯煎に型を入れ、120℃のコンベクションオーブンで12分、90℃に下げて7分、80℃に下げて7分、75℃に下げて5分、60℃に下げて5分加熱する。
❺ 脂を取り除き、取りきれない脂はペーパーで吸わせながら重しをのせて余熱でさらに火を入れる。
❻ 粗熱が取れたら⑤で取った脂を流して密封し、さめてから冷蔵庫で保存する。

フォワグラの球体を作る

❶ 発酵バラジャムを直径2.5㎝の半球型に詰めて冷凍庫で冷凍する。
❷ フォワグラ・テリーヌを60メッシュのタミで裏漉し、直径4㎝の半球型に詰め、①を真ん中に埋め込む。冷凍庫で軽く締める。
❸ 型からはずせる程度に固まったら、型から抜き、2つを張り合わせて球体にする。

杏仁パウダーを作る

❶ 卵白、トレハロース、イナゲルをボウルに入れ、50℃の湯煎で温める。
❷ ミキサーで泡立て、しっかり固いメレンゲを作る。
❸ ふるった杏仁霜を加えてゴムべらでさっくり混ぜ合わせ、クッキングシートに薄く伸ばす。
❹ 80℃のコンベクションオーブンで1時間乾燥焼きし、裏返して70℃に温度を落としてさらに1時間乾燥させる。
❺ ミルサーでパウダーにする。香りが飛びやすいので、その日のうちに使い切る。

発酵バラジャム

材料

- 食用バラの花びら（ダマスク、ミルラなど、香り成分が強い品種）……58g
- 和三盆……32g
- 蜂蜜……26g
- いちご……70g

作り方

❶ バラの花びら、和三盆、蜂蜜をボウルに入れ、よくもみ込む。
❷ いちごを加え、もみつぶしながらなじませる。
❸ 瓶に入れ、完全に密封しないようにさらしなどでふたをし、26℃で2〜3週間発酵させる。甘ずっぱく、フルーティーな香りになったら完成。

カラー写真は90ページ

❻ シノワで漉し、氷水に当てて完全にさます。グランマニエとバターミルクを加えて混ぜ合わせ、アイスクリームマシーンにかける。

発酵バター入りクレープを作る

❶ ふるった薄力粉にグラニュー糖と塩を入れ、全卵を加えて混ぜ合わせる。

❷ 溶かした発酵バターを加えて混ぜ合わせる。

❸ 牛乳とグランマニエを②に少しずつ加えてダマにならないように混ぜ合わせ、シノワで漉す。一晩寝かせる。

❹ 自家製発酵バターを敷いたフライパンにクレープ生地を薄く伸ばし、香ばしく焼く。

ギーのパウダーを作る

❶ 材料をロボクープでまわし、パウダー状にする。

盛りつける

❶ みじん切りにしたオレンジコンフィとオレンジソース少々を混ぜ合わせ、3㎜幅にカットしたクレープをあえる。

❷ 皿にオレンジソースを流し、中央にオレンジクリームを絞る。

❸ ギーのパウダーをふり、バタースコッチアイスをクネル形にしてのせる。

❹ ③の上に①をのせ、オレンジのマーマレードをその上にのせる。

黒米塩麹アイス

à nu, retrouvez-vous　下野昌平

カラー写真は88ページ

材料（20人前）

黒米塩麹アイス

豆乳	100㎖
牛乳	100㎖
黒米塩麹	400g
蒸した黒米	50g
黒糖	100g
蜂蜜	70g
グラニュー糖	150g

ココナッツチュイル

ココナッツピュレ	100g
もち米粉	10g
グラニュー糖	20g
ココナッツファイン	適宜

黒米とココナッツスープ

蒸した黒米	100g
ココナッツピュレ	30g
グラニュー糖	30g
ビドフィックス	2g

ココナッツファイン	適宜
黒米塩麹	適宜

＊ビドフィックスは、ユニペクチン社（スイス）製の増粘剤。

作り方

黒米塩麹アイスを作る

❶ 材料をすべて混ぜ合わせ、パコジェットの容器に入れて冷凍する。

❷ パコジェットでまわし、なめらかなアイスクリームを仕上げる。

ココナッツチュイルを作る

❶ ココナッツピュレ、もち米粉、グラニュー糖をよく混ぜ合わせる。

❷ オーブンシートに薄く伸ばし、ココナッツファインをふりかける。100℃のコンベクションオーブンで90分焼く。

黒米とココナッツのスープ

❶ すべての材料をミキサーにかけ、なめらかなピュレ状にする。

盛りつける

❶ 皿に黒米とココナッツのスープをのせ、黒米塩麹アイスをクネル形にしてその上にのせる。

❷ ココナッツファインと水気を拭き取った黒米塩麹を散らす。

❸ ココナッツチュイルを適当な大きさに割り、アイスの上に刺し、ほかにも数か所飾る。

黒米塩麹

材料

黒米麹	400g
水	550㎖
塩	60g

作り方

❶ 黒米麹をポットに入れ、60℃まで温めた湯を加えて混ぜ合わせる。そのまま1時間おく。

❷ 塩を加え、55℃の保温庫で約4日発酵させる。甘味が出て、濃度が出てきたら完成。

冷製クレープシュゼット

Restaurant Air　山本英男

材料（20人前）

オレンジのマーマレード
- オレンジ …… 1個
- グラニュー糖 …… 90g

オレンジコンフィ
（出来上がりは約30人前）
- オレンジ …… 2個
- グラニュー糖 …… 300g
- 水 …… 600g
- レモン汁 …… 30g

オレンジクリーム
- オレンジ汁 …… 100mℓ
- グラニュー糖 …… 80g
- 全卵 …… 100g
- 自家製発酵バター …… 135g

オレンジソース
- オレンジ汁 …… 600mℓ

バタースコッチアイス
- カソナード …… 90g
- 38％生クリーム …… 80mℓ
- 自家製発酵バター …… 80g
- 塩 …… 1.5g
- 牛乳 …… 100mℓ
- 卵黄 …… 40g
- グランマニエ …… 80mℓ
- バターミルク …… 100mℓ

発酵バター入りクレープ
- 薄力粉 …… 250g
- グラニュー糖 …… 75g
- 塩 …… 5g
- 全卵 …… 7個
- 自家製発酵バター …… 250g
- 牛乳 …… 680mℓ
- グランマニエ …… 70mℓ

自家製発酵バター …… 適宜

ギーのパウダー
- 澄まし自家製発酵バター …… 24g
- マルトセック …… 15g

作り方

オレンジのマーマレードを作る

❶ オレンジを半分に切り、皮と果肉に分けて種を取り除く。

❷ 皮は3㎝長さに切り、1㎜厚さにスライスする。

❸ 皮をゆでこぼす。

❹ 果肉とグラニュー糖を鍋に入れ、果肉をつぶしながら煮込む。果汁が十分出てとろみがついたらシノワで漉す。

❺ 皮と④を合わせて中火にかけ、沸騰したら弱火にし、5分煮込む。

❻ 完全にさまし、冷蔵庫で一晩寝かせる。

オレンジコンフィを作る

❶ オレンジを4等分し、2分ゆでこぼすのを4回くり返す。

❷ グラニュー糖、水、レモン汁を鍋に入れて沸騰させる。

❸ オレンジを入れて落としぶたをし、弱火でわたに透明感が出るまで40〜50分煮込む。

❹ シロップごとさまし、さめたら冷蔵庫で一晩寝かせる。

オレンジクリームを作る

❶ オレンジ汁、グラニュー糖、全卵を鍋に入れて火にかける。

❷ 泡立て器で混ぜながら沸騰するまで加熱し、シノワで漉す。

❸ 氷水にあて、人肌までさます。

❹ 室温で柔らかくした発酵バターを少しずつ加えながらバーミックスで乳化させる。

オレンジソースを作る

❶ オレンジ汁を半量まで煮詰める。

バタースコッチアイスを作る

❶ カソナードを鍋で煮詰め、薄めのキャラメル色に焦がす。

❷ 沸騰させた生クリームを注いで混ぜ合わせる。溶け残りがあれば再度火にかけてキャラメルを完全に溶かす。

❸ 発酵バターと塩を加えて混ぜ合わせ、乳化させる。

❹ 沸騰させた牛乳を③に混ぜ合わせる。

❺ 卵黄に④を少しずつ加えて混ぜ合わせ、鍋に戻して82℃まで温める。

自家製発酵バター

材料
- 47％生クリーム …… 300mℓ
- ヨーグルト …… 30g

作り方

❶ 生クリームとヨーグルトを混ぜ合わせ、36℃の保温器で10時間発酵させる。

❷ 一晩冷蔵庫で寝かせる。

❸ 氷水にあてながらミキサーで撹拌し、固形分と水分に分離させる。水分はバターミルクとして使用する。

❹ さらしを敷いたシノワで漉してよく絞る。キッチンペーパーで包み、冷蔵庫で一晩置いて水分を切る。

米の力

Restaurant Air　山本英男

カラー写真は92ページ

材料（10人前）

黒米麹のチップス

- 黒米麹……60g
- 水……245g
- サラダ油……適宜
- 塩……適宜

米麹のリ・オ・レ

- 米麹……90g
- 水……125mℓ
- 牛乳……100mℓ

甘酒アイス（出来上がりは15人前）

- 乳酸発酵させた甘酒……575g
- 牛乳……120mℓ
- 塩……3g

作り方

黒米麹のチップスを作る

❶ 黒米麹と水を鍋に入れ、麹が柔らかくなるまで煮る。

❷ ミキサーでまわしてピュレ状にし、クッキングシートを敷いた天板に薄く伸ばす。

❸ しばらくおいて表面が乾燥したらクッキングシートからはがし、裏返して完全に乾かす。

❹ 乾いたら適度な大きさに割り、140℃のサラダ油で揚げる。

❺ 油を切り、塩をふって味を調える。

米麹のリ・オ・レを作る

❶ 米麹に60℃に温めた湯を注ぎ、60℃のディッシュウォーマーで2時間発酵させる。米麹の甘さを引き出しながらも、米が柔らかくなりすぎないよう、2時間でとどめておく。

❷ 牛乳を加え、2〜3分煮る。

甘酒アイスを作る

❶ 乳酸発酵させた甘酒に牛乳と塩を加え、アイスクリームマシンにかける。

盛りつける

❶ 皿に米麹のリ・オ・レをのせ、クネル形にした甘酒アイスをのせる。

❷ 黒米麹のチップスを張りつけ、全体を覆う。

米麹

材料

- 白米または黒米……2合
- 麹菌……3g

作り方

❶ 米を研ぎ、水に浸して15〜20時間おく。

❷ ザルにあげ、4時間ほどおいて水を切る。

❸ さらしに包み、蒸し器で1時間蒸す。黒米の場合は固いので、もう少し長く蒸し、指でつぶせる程度にする。

❹ さらしごとバットに広げ、36〜40℃までさます。麹菌を茶漉しで全体にふりかける。

❺ ひとまとめにし、さらしできれいに包む。

❻ 36℃の保温器に入れ、3日間おく。保温器内が乾燥しないよう、水を張った容器を一緒に入れておく。麹菌の活動で米の温度が上がってくるので、朝と晩に米をほぐしながら全体を混ぜて米の温度を下げる。40℃以上になると菌が死んでしまうので気をつけること。

乳酸発酵させた甘酒

材料

- もち米……150g
- 水……470mℓ
- 米麹……130g

作り方

❶ もち米を軽くすすぎ、ふたつきの容器に入れて水を注ぐ。

❷ 30℃の保温器で24〜30時間発酵させる。

❸ 米と水を鍋に入れ、ふたをして強火にかける。

❹ 沸騰したら弱火にし、11分炊いたら火からはずす。水分が多く、おかゆのような状態。

❺ 混ぜながら60℃までさまし、米麹を混ぜ合わせる。

❻ 60℃のディッシュウォーマーに入れ、6時間おく。

❼ 甘酒ができたら、温かいうちにミキサーでまわし、なめらかな状態にしてから使う。

発酵いちごと酒粕、紅茶キノコ

Cofuku　赤木　渉

カラー写真は94ページ

材料（30人前）

酒粕のパルフェ
（出来上がりは約360g）

- 生米……50g
- 牛乳……135g
- 38％生クリーム……50mℓ
- グラニュー糖……50g
- 酒粕……25g
- 板ゼラチン……7g
- 純米酒……20mℓ
- 38％生クリーム（8分立て）……125g

乾燥ホワイトチョコレートムース
（出来上がりは約180g）

- ホワイトチョコレート……80g
- 38％生クリーム……40mℓ
- 板ゼラチン……1枚
- 卵白……2個
- グラニュー糖……80g

ソルベ用発酵いちご……全量
食用色素（赤）……適宜
飾り用発酵いちご……適宜
いちご、食用バラ……各適宜
レモンタイムハーブティーの
紅茶キノコ……600mℓ

作り方

酒粕のパルフェを作る

❶ 生米を180℃のオーブンできつね色になるまでローストする。
❷ 牛乳、生クリーム50mℓ、グラニュー糖、酒粕を鍋で沸騰させ、火を止めて米を加え、30〜1時間香りを移し、漉す。
❸ ふやかして溶かしたゼラチン、純米酒を加えて混ぜ合わせる。
❹ 8分立てにした生クリーム125gを加えて混ぜ合わせ、バットに1cm厚さに流し、冷凍庫で冷やし固める。

乾燥ホワイトチョコレートムースを作る

❶ チョコレートと生クリームを湯煎で温め、水でふやかした板ゼラチンを加えて溶かす。
❷ 卵白とグラニュー糖を泡立ててフレンチメレンゲを作り、①に3回に分けて加える。
❸ バットに2cm厚さに伸ばし、70℃のディハイドレーターで2日かけて乾燥させる。適度な大きさに砕く。

発酵いちごでソルベを作る

❶ ソルベ用発酵いちごを液体ごと鍋に入れ中火にかけ、沸騰させる。
❷ さめたら食用色素で色を調え、パコジェットの容器に入れて凍らせる。
❸ パコジェットをまわし、なめらかなソルベにする。

盛りつける

❶ 皿に長方形に切った酒粕のパルフェを2本のせ、発酵いちごソルベをクネル形にしてのせる。
❷ 乾燥ホワイトチョコレートムースを盛りつける。水気を切った飾り用発酵いちご、薄くスライスしたいちご、食用バラを飾る。
❸ レモンタイムハーブティーの紅茶キノコを別の器に入れ、客席で注いで供する。

発酵いちご

材料

飾り用

- いちご……100g
- グラニュー糖……40g

ソルベ用

- いちご……1kg
- グラニュー糖……70g
- トレハロース……180g
- トレモリン……90g

作り方

❶ 飾り用、ソルベ用どちらも、それぞれ材料を真空にかけ、常温（28〜31℃）で1週間発酵させる。
❷ 炭酸ガスで袋がぱんぱんにふくらんだら完成。

レモンタイムハーブティーの紅茶キノコ（コンブチャ）

材料

- レモンタイムハーブティー……1ℓ
- グラニュー糖……150g
- 紅茶で培養したスコビー……200g

作り方

❶ ハーブティーにグラニュー糖を溶かし、瓶に注いで完全にさます。
❷ スコビーを液体ごと加え、瓶にクッキングペーパーでふたをする。
❸ 1日1回、紙をはずして中の空気を入れかえながら、常温（28〜31℃）で5〜7日発酵させる。甘ずっぱくなったら完成。

撮　影　　南都礼子
デザイン　　津嶋デザイン事務所（津嶋佐代子）
企画・編集　オフィスSNOW（畑中三応子、木村奈緒）

主な参考文献

『発酵　ミクロの巨人たちの神秘』
小泉武夫（中央公論新社、1989年）

『発酵食品学』
小泉武夫 編著（講談社、2012年）

『すべてがわかる！「発酵食品」事典』
小泉武夫、金内誠、舘野真知子 監修（世界文化社、2013年）

『魚醤油の知識』
太田静行（幸書房、1996年）

『発酵の技法　世界の発酵食品と発酵文化の探求』
サンダー・エリックス・キャッツ（オライリー・ジャパン、2016年）

『発酵文化人類学　微生物から見た社会のカタチ』
小倉ヒラク（木楽舎、2017年）

『トコトンやさしい発酵の本』
協和発酵工業（株）編（日刊工業新聞社、2008年）

『ほんとの本物の発酵食品』
アレックス・リューイン（ガイアブックス、2013年）

『和・発酵食づくり』
林弘子（晶文社、2009年）

ガストロノミーの新トレンド
現代フランス×ノルディック
発酵で料理する

発行日　2018年5月2日　初版発行

編　著　オフィスSNOW
発行者　早嶋　茂
制作者　永瀬正人
発行所　株式会社 旭屋出版
〒107-0052 東京都港区赤坂1-7-19
キャピタル赤坂ビル8階
電話　03-3560-9065（販売）
03-3560-9066（編集）
FAX　03-3560-9071（販売）

旭屋出版ホームページ　http://www.asahiya-jp.com
郵便振替　00150-1-19572
印刷・製本　株式会社 シナノ パブリッシング プレス
ISBN978-4-7511-1329-5　C2077